Herbert Ewe

Bedeutende Persönlichkeiten Vorpommerns

VERLAG HERMANN BÖHLAUS NACHFOLGER WEIMAR 16 24

Herbert Ewe

Bedeutende Persönlichkeiten Vorpommerns

2001
Verlag Hermann Böhlaus Nachfolger
Weimar

Die Deutsche Bibliothek – CIP-Einheitsaufnahme

Ewe, Herbert:
Bedeutende Persönlichkeiten Vorpommerns / Herbert Ewe. –
Weimar : Verl. Hermann Böhlaus Nachf., 2001
ISBN 978-3-7400-1082-9

ISBN 978-3-7400-1082-9
ISBN 978-3-476-03290-4 (eBook)
DOI 10.1007/978-3-476-03290-4

Ursprünglich erschienen bei Verlag Hermann Böhlaus Nachfolger Weimar 2001
www.boehlausnf.de
info@boehlausnf.de

Meiner Tochter Astrid

Inhalt

Einleitung

Vorpommern, das Gebiet an der Ostsee, kann mit Stolz auf zahlreiche Persönlichkeiten von hohem Rang blicken. Die meisten verlebten hier freilich lediglich ihre Kindheit und Jugend. Sie verließen das Land, gingen entweder nach Schweden, wie der Baumeister Nikodemus Tessin, der Kanalbauer Balzer Bogislaw von Platen und der Chemiker Carl Wilhelm Scheele, oder wechselten in andere Gegenden Deutschlands über. Einzelne machten indes die vorpommersche Landschaft und ihre Menschen weithin bekannt – Ernst Moritz Arndt zum Beispiel und Caspar David Friedrich. Beide wußten sich zeit ihres Lebens eng mit Vorpommern verbunden. Das klingt deutlich genug in Arndts Büchern „Märchen und Jugenderinnerungen“ und „Erinnerungen aus dem äußeren Leben“ an. Noch als 73jähriger gedachte er *fernab der Heimat sehnsuchtsvoll* des Landes der dunklen Haine und der blauen See. Und Friedrich, der bedeutendste Maler der deutschen Romantik, durchstreifte mit dem Skizzenbuch die Umgebung seiner Geburtsstadt Greifswald und schuf danach in Dresden Werke von europäischer Geltung. Die großartigen Kompositionen „Wiesen bei Greifswald“, „Klosterruine Eldena“ oder „Kreidefelsen auf Rügen“ gehören dazu.

Hier kann nur eine Auswahl von zwanzig hervorragenden Personen des Landes vorgestellt werden. Es handelt sich um solche, die in Vorpommern geboren wurden. Andere, die man gerne zu den bedeutenden Leuten des vorpommerschen Territoriums zählt, mußten deshalb unbeachtet bleiben, so der bekannte Dichter Gotthard Ludwig Kosegarten (1758–1818), der im mecklenburgischen Grevesmühlen das Licht der Welt erblickte, und auch der berühmte Balladenkomponist Carl Loewe (1796–1869), der aus Mitteldeutschland stammt.

Bei den zwanzig Vorpommern sollten bewußt Persönlichkeiten aus vier Jahrhunderten und aus verschiedenen wissenschaftlichen und kulturellen Bereichen berücksichtigt werden. Für das 17. Jahrhundert kam Nikodemus Tessin der Ältere, für das 20. Jahrhundert der Landeskirchenhistoriker Hellmuth Heyden zur Sprache. Und was die thematische Breite und Vielfalt der Berufe und Stände betrifft, galt es für die Naturwissenschaften u. a. Carl Wilhelm Scheele und Hermann Burmeister, für Medizin Theodor Billroth, Carl Ludwig Schleich und Franziska Tiburtius zu nennen, für Geschichte u. a. Johann David von Reichenbach und Otto Fock, für Theologie und Pädagogik wieder u. a. Gottlieb Mohnike, für Malerei außer Caspar David Friedrich auch Philipp Otto Runge, für Bauwesen und Denkmalpflege neben Tessin zugleich Ernst von Haselberg und Hugo Lemcke, für Literatur Karl Lappe und Heinrich Bandlow und für die Technik Otto Lilienthal zu betrachten.

Es sind ganz gewiß weitere namhafte Männer und Frauen des Landes zwischen Oder im Osten und Recknitz im Westen zu benennen.

Deren Würdigung sollte ebenfalls und unbedingt einer späteren Publikation vorbehalten sein. Dabei kämen vorab folgende in Vorpommern geborene Persönlichkeiten in Betracht: der Historiker, Bibliothekar und Hochschullehrer Johann Carl Dähnert (1719–1785), der Jurist und Historiker Johann Albert Dinnies (1727–1801), der Rügen-Forscher Johann Jacob Grümbke (1771–1849), der Naturwissenschaftler und Arzt Christian Ehrenfried Weigel (1748–1813), die beiden Ornithologen Eugen Ferdinand von Homeyer (1809–1889) und Alexander von Homeyer (1834–1903), der Gartengestalter und Generaldirektor der preußischen Gärten Ferdinand Jühlke (1815–1893), der Verleger Georg Andreas Reimer (1776–1842), der Pädagoge und Begründer der deutschen Landerziehungsheime Hermann Lietz (1868–1919), der Volkskundler Alfred Haas (1860–1950), der Philologe und Archäologe, Begründer des Kulturhistorischen Museums Stralsund und Ratsbibliothekar Rudolf Baier (1818–1904), der Biologe und Begründer des heutigen Deutschen Meeresmuseums Otto Dibbelt (1881–1956), die Künstlerpersönlichkeiten Louis Douzett (1834–1924), Elisabeth Büchsel (1867–1957) und Paul Holz (1882–1938), die Lyrikerinnen Alwine Wuthenow (1820–1908) und Martha Müller-Grählert (1876–1939) sowie die Schriftsteller Hans Fallada (1893–1947), Hans Werner Richter (1908–1993) und Wolfgang Koeppen (1906–1996).

Das Leben bedeutender Zeitgenossen hat für die Mitwelt seit eh und je einen besonderen Reiz. Autobiographien zählen allgemein zu viel gelesenen Büchern. Wissenschaftler aller Disziplinen beschäftigen sich mit herausragenden Vertretern ihrer Fachgebiete.

Das trifft auch für das Land am Meer zu. So gab die Landesgeschichtliche Forschungsstelle (Historische Kommission) für Pommern von 1934 bis 1939 drei Bände „Pommersche Lebensbilder" heraus, denen 1966 ein vierter Band mit zum Teil älteren Abhandlungen folgte. Darin sind auch Persönlichkeiten der vorliegenden Darstellung beschrieben. Über ihr Leben und Wirken ist inzwischen weiter gearbeitet worden. Neue veröffentlichte Forschungsergebnisse galt es hier zu berücksichtigen. Eine Auswahl weiterführender, zumeist neuerer Literatur ergänzt die einzelnen Beiträge.

Ernst Moritz Arndt

Ernst Moritz Arndt

1769–1860

Ernst Moritz Arndt fand zu seiner Zeit und danach allenthalben viel Aufmerksamkeit. Er wurde geachtet und geliebt, diffamiert und verfolgt, gewürdigt und verehrt. Sein Leben und Wirken ist in Forschung und Literatur oft behandelt worden. Beiträge über ihn liegen hundertfach vor. Die einen rühmen seinen mutigen Kampf gegen soziales Unrecht und für Freiheit und Unabhängigkeit des Volkes, die anderen preisen ihn als Dichter von Rang, wieder andere bemühten sich, ihn zu vereinnahmen, sich ihren politischen Zielen in tendenziös verzerrter Weise dienstbar zu machen.

Arndts Lebensweg, der fast ein Jahrhundert umspannt, ist tatsächlich in vielem ungewöhnlich. Das beginnt bereits in der Jugend. Als Gymnasiast brach er die schulische Ausbildung ab, verließ 1789 noch vor Erlangung des Reifezeugnisses bei Nacht und Nebel die Lehranstalt. Dessenungeachtet sah man ihn 1800 als Universitätsdozent in Greifswald und sechs Jahre später dort als Geschichtsprofessor. Seiner Feder verdankt man sehr beachtliche Werke. Er schrieb viel und konnte es. Seine Texte sind voll Kraft und Saft. Dies betrifft das 1803 zu Berlin erschienene Buch „Versuch einer Geschichte der Leibeigenschaft in Pommern und Rügen", das die damalige Welt aufhorchen ließ, die aufrüttelnden Schriften zu den Freiheitskriegen ebenso wie seine Geschichtsstudien, Reisebeschreibungen, Lebenserinnerungen, Gedichte und Kirchenlieder.

Ernst Moritz Arndt wurde als Sohn des kurz zuvor aus der Leibeigenschaft freigelassenen Ludwig Nikolaus Arndt und dessen Ehefrau Wilhelmine am 26. Dezember 1769 im südrügenschen Schoritz geboren und starb hochbetagt am 29. Januar 1860 in Bonn. Der Erziehung im Elternhaus folgten von 1787 bis 1789 der Besuch des Stralsunder Gymnasiums und ab 1791 das Studium der Theologie an den Universitäten Greifswald und Jena. Nach dem bestandenen theologischen Examen (1796) verzichtete er auf die geistliche Laufbahn, wandte sich statt dessen forschend und lehrend der Geschichte, Philosophie, den alten Sprachen zu, unternahm ausgedehnte Reisen durch Deutschland und ins Ausland, nach Ungarn, Österreich, Italien, Frankreich, Schweden und trat mit Aufsehen erregenden Publikationen hervor. Allein seine Veröffentlichung „Geist der

Zeit" (Teil 1, 1806), die sich recht eigentlich gegen den Ungeist der Zeit richtete, machten ihn sozusagen im Handumdrehen über die Grenzen Vorpommerns hinaus bekannt. Da es sich dabei um eine klare Kampfansage an Napoleon handelte, konnte er sich vor den heranrückenden Franzosen keinesfalls sicher fühlen. *Um sich nicht wie einen Hund totschießen zu lassen*, floh er aus Greifswald, begab sich nach Schweden und ließ dort (1808) u. a. den zweiten Tei des „Geistes der Zeit" im Druck erscheinen.

Im Jahre 1809 kehrte Arndt illegal nach Deutschland zurück. Um von den französischen Soldaten unerkannt zu bleiben, bewegte er sich unter Decknamen, wie *Sprachmeister Allmann, Amtsberg, von Duben* – und stellte sich in die Reihe jener Patrioten, die unerschrocken die Volkserhebung vorbereiteten: Neidhardt von Gneisenau, Blücher, Scharnhorst, Yorck von Wartenburg und andere. 1812 berief ihn der Freiherr vom Stein nach St. Petersburg. Dort entfaltete er sogleich eine rege publizistische Tätigkeit, verfaßte Flugschriften wie „Glocke der Stunde", „Kurzer Katechismus für teutsche Soldaten" und 1813 (in Königsberg) den Appell „An die Preußen" und den „Aufruf an die Deutschen". Nach dem siegreichen Ende des Freiheitskampfes versprach ihm Staatskanzler Fürst Hardenberg *wegen seiner Verdienste, die er sich durch seine Schriften um die Sache des Vaterlandes erworben* habe, eine angemessene Stellung und sah ihn für eine Professur an der neu zu gründenden Universität Bonn vor. Doch diese für ihn erfolgversprechende Entwicklung fand ein jähes Ende. Vertreter der konservativen Reaktion erzwangen 1819 seine Verhaftung, ließen ihn verfolgen und vermochten es, ihn für die Dauer von zwei Jahrzehnten zur Untätigkeit im Lehramt zu verdammen. Erst 1840 wurde er rehabilitiert. Studenten feierten ihn begeistert mit einem Fackelzug und der Lehrkörper der Universität Bonn wählte ihn fast einstimmig zum *Rector magnificus*. Im Jahre 1848 trat er als Abgeordneter der Nationalversammlung in Frankfurts Paulskirche mahnend für die deutsche Einheit in Erscheinung.

Ernst Moritz Arndt war zweimal verheiratet, 1801 mit Charlotte Quistorp, die nach der Geburt eines Sohnes im selben Jahr starb, sowie seit 1817 mit Nana Schleiermacher, mit der er sieben Kinder hatte, und die ihn überlebte. Er war mit vielen bedeutenden Männern seiner Zeit persönlich bekannt, mit den Philosophen Johann Gottlieb Fichte und Friedrich Daniel Schleiermacher, den Malern Caspar David Friedrich und Philipp Otto Runge, dem Verleger Georg Andreas Reimer, mit Wilhelm von Humboldt, Friedrich Ludwig Jahn, Heinrich von Kleist, Theodor Körner und auch mit Johann Wolfgang von Goethe.

Arndt blieb auch als Schriftsteller während seiner *Zwangspause* an der Bonner Universität nicht müßig. Annähernd zwanzig Titel bemerkenswerter Literatur gelangten aus dieser Zeit ans Licht der Öffentlichkeit. Obgleich er sich wohl nicht für einen begnadeten Poeten hielt, vermochte er durch seine wortgewaltige, allgemein verständliche Sprache sämtliche Kreise der Bevölkerung zu erreichen. Man braucht nur an die von echter Frömmigkeit geprägten 33 Kirchenlieder zu denken, von denen einige wie „Ich weiß, woran ich glaube" noch heute landauf, landab gesungen werden, und andere sogar in schwedischen Gesangbüchern Aufnahme fanden. Wer wollte auf seine schönen Weihnachts- und Adventsverse verzichten? Auch die pädagogischen Schriften, so „Fragmente über Menschenbildung" (1905) verdienen Beachtung. Seine prächtigen Kinderlieder und -gedichte gehören zweifellos zum guten literarischen Erbe. Das gleiche gilt für die in köstlicher Fabulierkunst verfaßten Märchen, in denen es von Riesen und Zwergen, Unterirdischen und Zauberern wimmelt, und von denen allein 24 auf Rügen und dem benachbarten Festland angesiedelt sind.

Der gebürtige Vorpommer wußte sich das ganze Leben hindurch mit seiner Heimat eng verbunden. Stralsund pflegte er als eine der *wichtigsten Stätten seines Erdenwallens* zu bezeichnen. Die humorvolle Schilderung vom Einzug ins sundische Gymnasium, das der *arme und blöde Landjunge mit grünem Rock aus eigengemachtem Zeuge oder einem grauen plüschenen, aus einem alten Rock des Vaters zusammengenäht und von dem Landschneider zu wulstig weit geschnitten* im Februar 1787 betrat, ist oft zitiert worden. Es blieb dem Siebzehnjährigen damals offensichtlich kein anderer Ausweg, als sich mit derben Fäusten den notwendigen Respekt zu verschaffen. In den „Erinnerungen aus dem äußeren Leben" (1842) heißt es dazu: *Man kann sich denken, mit welcher Gier die zierlichen Stadtpfauen über die so aufgeputzte Landkrähe herfuhren und wie die Krähe sich anfangs zurückmachte.* In der von ihm liebevoll beschriebenen vorpommerschen Heimat mit den *hübschen* Wäldern, Feldern, Wiesen, Heiden und *paradiesischen* Meerbuchten war er von 1796 bis 1798 als Hauslehrer bei dem Pfarrer und Dichter Gotthard Ludwig Kosegarten in Altenkirchen auf Rügen tätig, von 1800 bis 1806 und 1810 hielt er an der Greifswalder Universität Vorlesungen und 1806 beteiligte er sich im Auftrag von Schwedens König Gustav IV. Adolf in Stralsund an der Übersetzung und Übernahme schwedischer Gesetze für die pommerschen Landesteile.

Leben und Werk dieses Vorpommern ist freilich nicht nur mit Lob, sondern auch mit Tadel bedacht worden. So meinte man gar, ihn des Chauvinismus bezichtigen zu können, nannte ihn einen *Franzosenhasser*, stellte seine negative Haltung zum Judentum heraus, und im sogenannten Dritten Reich (1933–1945) wurde er schließlich Opfer einseitiger propagandistischer Darstellungen. Um Ernst Moritz Arndt in allen Fällen Gerechtigkeit widerfahren zu lassen wird er stets als ein Kind seiner

Zeit und seines Landes zu sehen und zu werten sein. Und auch dies ist gewiß: durch sein reiches vielseitiges und vielschichtiges literarisches Schaffen hat er sich selbst ein Denkmal gesetzt, das lange Bestand haben wird.

Erdmann, G.: Ernst Moritz Arndt, Freiheitssänger und Patriot. (Veröffentl. d. Stadtarchiv Stralsund, Bd. 3) Schwerin 1960

Ott, G.: Ernst Moritz Arndt. Religion, Christentum und Kirche in der Entwicklung des deutschen Publizisten und Patrioten. (Veröffentl. d. Stadtarchivs Bonn, Bd. 2) Bonn 1966

Schäfer, K. H. u. J. Schawe: Ernst Moritz Arndt. Ein Bibliographisches Handbuch 1769–1969. (Veröffentl. d. Stadtarchivs Bonn, Bd. 8) Bonn 1971

Hacker, H.-J. u. andere (Hrsg., Bearbeiter): Ernst Moritz Arndt. Unveröffentlichte Briefe aus den Stadtarchiven Bonn und Stralsund. (Veröffentl. d. Stadtarchivs Bonn, Bd. 54) Bonn 1995

Schriften der Ernst-Moritz-Arndt-Gesellschaft, Heft 1–6/7. 1992–1998

Heinrich Bandlow

Heinrich Bandlow

1855–1933

Er war Vorpommer mit Leib und Seele, lebte hier, liebte das Land und die Menschen und schrieb über sie – zumeist in niederdeutscher Sprache. Man hat ihn den Fritz Reuter Vorpommerns genannt. Das stimmt freilich nur bedingt. Wie auch immer: Heinrich Bandlow gehört zweifellos zu den besonderen plattdeutschen Erzählern Norddeutschlands und verdient es, auch im 21. Jahrhundert entsprechend gewürdigt zu werden.

Er wurde am 14. April 1855 als Sohn eines Tischlermeisters in Tribsees geboren. Sein Vater, *ein stillvergnügter, rastlos tätiger und äußerst solider Mann, der das lustige Vereins- und Wirtshausleben vieler anderer Handwerker nicht mitmachte*, brachte es durch Fleiß und Beharrlichkeit zu bescheidenem Wohlstand. Seine Mutter, auf der *im wesentlichen die Freuden und Lasten der Erziehung lagen*, stammte aus der benachbarten Kleinstadt Sülze. In der Geborgenheit des Elternhauses verlebte Heinrich seine Kindheit und besuchte bis zum 17. Lebensjahr die gehobene Tribseer Stadtschule. Dankbar erinnerte er sich später in *höchster Verehrung* an deren Lehrkräfte, die ihn im fremdsprachlichen und anderen Unterricht so gut vorbereiteten, daß er offenbar ohne Bedenken die Prüfung für Mittelschullehrer hätte bestehen können. Mit großen Erwartungen ging er 1872 auf das Lehrerseminar zu Franzburg – und wurde bitter enttäuscht. *Das, was man dort an Gelehrsamkeit bot*, bekundete Heinrich Bandlow in seinem Lebensabriß, *wurde bestenfalls in schwachen, verdünnten Dosen verabreicht, so daß man nicht viel mehr lernte, als man an die Schulkinder verausgaben sollte.* Kein Wunder, daß es mit den Fähigkeiten der Absolventen im allgemeinen nicht zum Besten stand. Sie waren zwar mit *beträchtlichem Selbstgefühl ausgestattet,* von sonstigen Begabungen nahm man hingegen kaum Bemerkenswertes wahr. Die von Bandlow literarisch gestalteten Dorfschulmeister Dabermann und Rudeknecht sind anrührende Beispiele dafür. Den amtlichen Stellen schienen diese unzulänglichen Verhältnisse damals ziemlich gleichgültig gewesen zu sein. In dem Roman „De Ulenkraug" (1917) läßt der Autor einen Dorfbewohner fragen: *Wecke Schaul is in Ordnung?* und antworten: *Hütigen Dags doch dei, in dei am wenigsten lirt* [gelernt] *ward! Wo weniger de Junge liren, wo leiwer* [lieber] *is dat de Herren, dei dat grot Wurd* [Wort] *hewwen. Sei willen kein Lüd* [Leute] *hewwen, dei wat lirt hewwen. Wer wat lirt hett, mag keinen Meß upslan* [aufladen]. Damit klingt zugleich unüberhörbar Kritik an Mißständen des ländlichen Bildungswesens vom Ende des 19. Jahrhunderts an.

Dem jungen Seminaristen genügte der Lehrbetrieb der Franzburger Anstalt mitnichten. Er arbeitete nebenher unentwegt an seiner Weiterbildung, las *zum Verdruß* der Lehrer die Werke der großen deutschen Dichter und der berühmten Engländer, deren glänzende Schilderungen des Volkslebens ihn besonders anzogen. Im Jahre 1875 erhielt er in Richtenberg seine erste Lehrerstelle, wechselte aber zwei Jahre später in die Heimatstadt Tribsees über. In Richtenberg lernte er zu seinem Glück *die liebe, sanfte Müllerstochter Lising* kennen, die er 1879 heiratete und mit der er sechs Kinder hatte. Auf Veranlassung der Regierung zu Stralsund besuchte er ab 1905 die Kunstschule in Berlin und wurde 1908 als Zeichenlehrer nach Greifswald berufen. 1916 trat er krankheitshalber in den Ruhestand und starb am 25. August 1933 im Alter von 78 Jahren.

Heinrich Bandlow begann früh mit dem Schreiben, veröffentlichte Texte in Zeitungen und Zeitschriften. Bald wurden Verlage auf ihn aufmerksam und brachten seine Gedichte, Skizzen, Schwänke, Märchen, Erzählungen, Romane im Druck heraus. Der über Deutschlands Grenzen hinaus bekannte Leipziger Reclam-Verlag ließ allein fünf kleine Bände „Stratenfegels" (1896–1902), ebensoviel „Lustig Tügs" (1904–1915), den Humoreskenkranz um „Köster Hemp" (1900) sowie die größeren Erzählungen „Naturdokter Stremel" (1899) und „Ernst Spillbom" (1903) erscheinen. Den Autorennamen Bandlow entdeckt man zudem im Veröffentlichungsprogramm von Verlagen in Hamburg, Berlin, Stettin und Wismar. Er hat sich in seiner genügsamen, zurückhaltenden Art wohl nie für einen begnadeten Dichter gehalten. Ein außerordentlich talentierter Schriftsteller war er allemal. Das, was ihn vorab zum Schreiben veranlaßte, war schlich und einfach das Bemühen, die kargen Einkünfte des schlecht besoldeten Lehrers aufzubessern, damit seine Familie mit der heranwachsenden Kinderschar keine Not zu leiden hatte. Und so war er unermüdlich tätig. Bibliothekskataloge vermerken immerhin 30 Bücher von ihm.

Die ungewöhnliche Beliebtheit, der sich Bandlow bei den Lesern erfreuen konnte, hatte Gründe. In seinen Werken wird die Liebe zum Volk, zu den einfachen Menschen, deren Mundart er vollendet sprach, lebendig. Dieser Erzähler brauchte sich nicht zu den *kleinen Leuten* herabzulassen. Er lebte mitten unter ihnen und schrieb für sie. Das kleinstädtische und dörfliche Milieu sind hauptsächlich Themen seiner Arbeiten. Dabei werden die Bewohner lebensecht, künstlerisch wahr vorgestellt, der *Burmeister* [Bürgermeister], Senator, Tierarzt, Schulrat, Advokat, Doktor, Barbier, Kneipenwirt, und neben den Armen, Leidenden die Aufschneider und Neureichen.

Die niederdeutsche Humoreske war vor allem sein Feld. Darin entfaltete er seine volle Meisterschaft. Die prachtvolle Parodie auf den Liebling ganzer Jugendgenerationen Karl May, die Literatursatire „De Ölgötz", kann man auch heutzutage mit größtem Vergnügen lesen. Es wäre freilich verfehlt, in Bandlow lediglich den bloßen Spaßmacher zu erblicken. Er vermochte genauso Ernstes, Ergreifendes zu schildern. Hingewiesen sei auf die Erzählungen „ne schreckliche Nacht", „Fewerdrom" und „Glocken".

Über unfreundliche Beurteilungen seiner Schriften durch auswärtige, schreibende Zeitgenossen – wie etwa aus Schleswig-Holstein – war er erhaben. Darauf konnte er nur antworten: *Uns Pommern liegt die Rührseligkeit und der lyrische Sirup nicht.* Der aus reifer Lebenserfahrung gewonnene gütige Humor ist ein unverkennbarer Wesenszug seiner Werke. Mit besonderer Liebe weilte er bei dem schalkhaften, menschenfreundlichen *Dokter Lembk* und dessen dummschlauem Kutscher *Krischan,* um nur dies Beispiel zu nennen. Die Lektüre der Skizzen „Krischan un de Polizei", „Krischan in gebild'te Gesellschaft", „Krischan un dat Telephon" und „Krischan un de Trinkgelder" trieb schon nach deren Erscheinen den Lesern, wie es heißt, Tränen fröhlichen Lachens in die Augen.

Da hatte der ehrenwerte *Doktor Lembk* nach ausgiebigem Zechen nachts in Trunkenheit viel Unsinn in der Kleinstadt angestellt. Das durfte nicht ruchbar werden. Er drückte seinem ahnungslosen Diener einen Taler mit der Aufforderung in die Hand, alles auf sich zu beziehen, sich als der Übeltäter zu erweisen und ihn bei der Polizei zu vertreten. Die Verhandlung mit dem schlitzohrigen Kutscher in der Amtsstube ist ein Kabinettstück Bandlowschen Humors. *Wie heißen Sie?* fragte der Bürgermeister. *As wenn Sei dat nich wüßten, säd Krischan. Sei seggen jo ümmer Krischan tau mi, wenn ik dei Zeitung bring. So heit ik hüt noch, Herr Burmeister. Sie haben hier nur kurz und bündig auf meine Fragen zu antworten, säd dei Burmeister streng. Herr Burmeister, laten S' doch dat Sei seggen, seggen S' man du tau mi, dat hür ik leiwer, wie kennen uns jo all lang! Himmeldonnerwetter, Kerl, halten Sie so lange den Mund, bis Sie gefragt werden! schreg dei Burmeister. Ganz as sei willen, säd Krischan ruhig, mi sall't recht sin. Das wollt ich mir auch ausbitten! Also wie heißen Sie? Krischan! Vatername? Stut! Wie schreibt man das? Ganz as Sei dat paßt, Herr Burmeister, mit Oddigrafi gew ik mi nich af. Min Vadder säd, wie künn'n uns uk Staut schriben, un min Mudder meint, Stuten hürt sich am besten an. Nu säuken S' sich den besten Namen ut. Ik bün mit alls inverstahn! Wie alt sind Sie? Säbentein* [siebzehn]! *Wann sind Sie geboren? Min Geburtstag föllt in dei Meßführtid! Min Vadder seggte ümmer, ik bün in'n Harwst* [Herbst] *geburden, äwer Mudder meint jo, in'n Frühjohr. Ik kann't jo nich weiten! Wovon leben Sie? Ik et* [esse] *dat uk, wat min Herr ett – Fleisch und Tüfften* [Kartoffeln], *Speck und Brot, so as't kümmt! säd*

Krischan ihrlich. Herr Sekretär, schreiben Sie, was soll man nun solch Rhinoceros noch fragen? Man ümmer drist! säd Krischan, Sei warden doch för mi kein Angst hebben? Wenn Sie noch lange Ihre ungewaschenen Reden machen, lasse ich Sie einsperren! rep dei Burmeister wütend – Was würden Sie dann sagen – was? Ik würd Sei üm'n por Cigarren un' orig Frühstück bidden, ik hew hüt noch niks kregen! antwurt't Krischan fründlich. In ergötzlichen Dialogen wird sodann dem Ausbund das Eingestehen der vermeintlichen Untaten abverlangt.

Als *Dokter Lembk* eines Tags zu einem Ausflug in den Wald eingeladen hatte und die Honoratioren, nämlich den *Rekter* und Tierarzt Dr. Peters – dicke Herren, von denen jeder wie *echte Pommern riklich sien twei Centner wogen, sik up den Wagen wölterten un äwer des' Anstrengung pusteten,* nahm Peters neben dem Kutscher Platz. Im Gespräch mit Krischan staunte der Tierarzt über dessen schlagfertige Antworten. *Denn hest du woll düchtig wat in dei Schaul lihrt?* fragte Peters. *O ja, ik kann firm baukstafieren! Versteihst du uk frömd Spraken? Einige kann ik säd Krischan. so wid as ik kamen bün, verstünd ik allens: dat Treptosch, Demminsch, Anklamsch – das Gripswoldsch is all'n beten swerer! Dat is jo äwer all plattdütsch, ik mein, ob du uk frömde Spraken versteihst, von so'n Lüd dei in't Utland wahnen? Dat geiht so passabel, antwurt't Krischan, as ik eis Torf von Stralsund halt, hew ik mi wat mit einen Sweden vertellt. Tauirst güng dat mäglich swack, äwer as dei Kirl dütsch anfüng, don würd ik gaud mit em farig.*

Mit den technischen Neuerungen jener Zeit hatte Krischan seine Schwierigkeiten. Als er beim Holzhändler eine Bestellung seines Herrn aufgeben sollte, und der Zimmermeister seinen Buchhalter per Telefon nach dem Holzvorrat fragte, lief Krischan vor Ärger *brunrot in't Gesicht an. Wat? rep hei, glöben Sei, dat ik mi tau Narren hollen lat? Un ik sall dat glöben, dat in den lütten Kasten Ehr Baukholler sitt? Ne! – För tau dämlich möten Sei mi denn doch nich hollen!* Wenige Tage danach bekam auch *Dokter Lembk* einen Telefonanschluß und machte seinen Diener mit dem Gerät bekannt. Als der Dokter zu einem Krankenbesuch unterwegs war, klingelte das Telefon. Krischan *verfierte* sich, ging daran und *ut de lütt Schachtel summt em dei Frag in sienen Kopp rin: Ist mein Regenschirm gestern bei Ihnen geblieben?* Krischan wetzte in der Stube umher und fand drei, hielt einen vor den Telefonhörer und fragte: *Is hei dit?*

Nach einer Jagdveranstaltung sollte Krischan Gewehre und Decken den Teilnehmern zurückbringen. Beim *Rekter* und *Apteiker* erhielt er für diesen Dienst ein Trinkgeld. Bei Schriftsteller Keller ging er jedoch leer aus. *Wat is'n Schriftsteller?* fragte Krischan seinen Herrn. *Je, meinte der Dokter, das verstehst du doch nicht! Ein Schriftsteller ist ein – na, um es kurz zu sagen – ein – ein gebildeter Mann, welcher selbst viel gelesen hat und Geschichten zusammenstellt!* Abends saß Krischan mit seinem Freund Korl Klänhamel gemütlich bei Branntwein und Zigarren im Krug und bedauerte den mittellosen Schriftsteller. *Wat is'n Schriftsteller?* wollte Korl wissen. Auf diese Frage hatte Krischan schon gewartet und erläuterte es so, wie er seinen Dokter verstanden hatte: *'n Schriftsteller is'n ingebildten Minsch, dei vel lesen deiht un denn Geschichten tausammstehlt!*

Sonderheft Heinrich Bandlow. Zum 70. Geburtstag des Dichters. In: Zs. Unser Pommerland, 10. Jg., 1925

Erdmann, G.: Heinrich Bandlow. In: Festschrift zur 675-Jahrfeier der Stadt Tribsees. S. 97–99. Tribsees 1960

Bandlow, H.: Nich leigen ... Geschichten, Skizzen, Humoresken. Hrsg. von Jürgen Grambow. Rostock 1987

Bandlow, H.: Malle Vögel aus Vorpommern. Hrsg. von Jürgen Grambow. Rostock 1998

Müller-Waldeck, G.: (Hrsg.): Pegasus am Ostseestrand [...] Literatur u. Literaturgeschichte in Mecklenburg-Vorpommern. Rostock 1999. Darin: Heinrich Bandlow u. a. S. 103–104

Theodor Billroth

Theodor Billroth

1829–1894

Im Oktober 1853 schlug ein junger Mediziner sein *Firmenschild* an eine Berliner Wohnung. Er hatte sich als praktischer Arzt niedergelassen und wartete nun auf Patienten, wartete tage-, wochen-, zwei Monate lang – vergebens. Es erschien niemand. Dr. Theodor Billroth war es. Er half währenddessen gelegentlich bei einem Armenarzt aus und fand ansonsten Zeit und Muße für ausgedehnte Spaziergänge. Dabei traf er eines Tages offenbar rein zufällig seinen rügenschen Landsmann und Studienfreund Dr. Carl Fock, der ihm von einer freien Assistentenstelle bei dem berühmten Chirurgen Bernhard von Langenbeck berichtete und ihn zur Bewerbung ermunterte. Diese Begegnung war sozusagen schicksalhaft für ihn. Er erhiel diese Stelle, und damit begann die Laufbahn des Vorpommern, die ihn als Arzt, Forscher, Lehrer weltweit bekannt machen sollte.

Theodor Billroth wurde am 26. April 1829 als Sohn eines Pastors in Bergen auf Rügen geboren. Der Vater, inzwischen nach Reinberg versetzt, starb schon 1834. Die Mutter zog mit ihren fünf Kindern (Theodor war das älteste) nach Greifswald und fand im Hause des Großvaters, des Advokaten, Notars und Bürgermeisters der Ryckstadt, Johann Christian Billroth, Aufnahme. Hier besuchte der Junge das Gymnasium, in dem er keinesfalls durch gute schulische Leistungen glänzte, genauso wie nach ihm andere Größen, wie Thomas Mann und Gerhart Hauptmann zum Beispiel. Kurzum: der Gymnasiast blieb sitzen, hatte einzelne Klassen zweimal zu absolvieren. Ihn interessierten weder naturwissenschaftliche noch sprachwissenschaftliche Fächer sonderlich. Seine große Liebe galt vielmehr der Musik, die er von Kindesbeinen an selber ausübte. Zudem wurde die Neigung zu Noten und Instrumenten in der großväterlichen musischen Familie noch gefördert. Als er 1848 mit Hängen und Würgen das Abitur bestanden hatte, wäre er am liebsten Musiker geworden. Das wußte die energische Mutter jedoch zu verhindern, und mit Hilfe befreundeter Professoren, zu denen der Chirurg Wilhelm Braun gehörte, gelang es, ihn zum Studium der Medizin zu bewegen. Er begann es an der Universität Greifswald, und *vertat das erste Semester im Leichtsinn mit allerhand Allotria*, wie er später bekundete. Dies änderte sich indes, als er 1849 mit dem von ihm verehrten Professor Braun nach der 1737 gegründeten Universität Göttingen übersiedelte, an der damals hervorragende Wissenschaftler lehrten.

Der Studiosus betrieb nun die medizinische Ausbildung mit erstaunlichem Ernst, widmete sich dem Studium mit wahrer Begeisterung, versäumte kaum Vorlesungen und arbeitete bis in die Nächte hinein. Während seiner Göttinger Studienzeit hatte er Gelegenheit, andere Universitäten kennenzulernen – Gießen, Marburg, Heidelberg und Wien. Das waren Stationen einer wissenschaftlichen Reise nach Triest, auf der er 1851 den bedeutenden Physiologen Rudolf Wagner begleiten durfte. Kurz danach verließ er Göttingen und setzte das Studium in Berlin fort. Hier galt es, die Promotion (1852) und das Staatsexamen (1853) abzuschließen. Die nun beginnende Assistenz bei Langenbeck sicherte ihm nicht nur ein bescheidenes Einkommen, sondern bot ihm zugleich gute Möglichkeiten wissenschaftlichen Arbeitens, und die nutzte er mit Fleiß und Ausdauer – in der Anatomie, hinter dem Mikroskop, in der Bibliothek und am Schreibtisch. Erste Forschungsergebnisse gelangten in Zeitschriftenbeiträgen an die Öffentlichkeit und machten auf ihn aufmerksam.

Im Jahre 1856 wurde an der Charitè eine ordentliche Professur der pathologischen Anatomie eingerichtet, für die sich neben Rudolf Virchow auch der inzwischen habilitierte Theodor Billroth bewarb. Als die Entscheidung zugunsten Virchows getroffen war, schrieb der junge Privatdozent an seinen väterlichen Freund und Lehrer Braun: *Ich glaube, daß es für mich nicht unehrenvoll war, mit Virchow rivalisiert zu haben, wenn ich auch aus dem Felde geschlagen bin.*

Er hielt nun Vorlesungen, leitete praktische Operationskurse und verfaßte Schriften. Dabei befleißigte er sich um eine verständliche Sprache. Es widerstrebte ihm, Bücher zu schreiben, *wo man vor lauter Gelehrsamkeit nicht mehr sieht, was der Autor will,* wie es in einem Brief an den befreundeten Göttinger Physiologen Georg Meissner lautet. Mannigfaltige Anregungen gewann er auf einer sechswöchigen Studienreise, die ihn 1856 nach Holland, England und Schottland führte. Zwei Jahre später heiratete er die einundzwanzigjährige Christel Michaelis, Tochter des verstorbenen Berliner Hofmedikus, *eine Jungfrau mit trefflichem Herz, tiefem Gemüt, leidenschaftlichem Temperament, originellem Geist und viel Verstand.*

So erfolgreich Billroths Wirken in Berlin, in der Assistenz des herausragenden Bernhard von Langenbeck auch sein mochte, diese Tätigkeit befriedigte ihn nicht auf Dauer. Er strebte in seiner vielseitigen Begabung nach selbständigem Arbeiten, nach einer leitenden Stellung und erreichte dies Ziel schließlich gegen Ende des Jahres 1859. Er wurde zum Direktor der Chirurgischen Klinik in Zürich berufen. Glänzende Beurteilungen von Langenbeck und des Professors für Augenheilkunde, Albrecht von Graefe, hatten ihm den Weg in dieses Amt geebnet.

An der Schweizer Universität konnte er seine ärztlichen Fähigkeiten voll entfalten. Ein Züricher Schüler beschrieb den Tagesablauf so: *Die Arbeitskraft Billroths ist ganz außerordentlich. Von 7 bis 1 Uhr in der Klinik, von 3 Uhr an im Laboratorium, um 6 Uhr finden wir ihn im Kolleg Vischers über „Faust", und wenn wir spätabends nachhause gingen, brannte noch immer Licht in seinem Studierzimmer.* Theodor Billroth bemühte sich um alles, auch um die Modernisierung und Erweiterung der Klinik und veröffentlichte Arbeiten zu verschiedenen medizinischen Problemen. Von seinem „Handbuch für Studierende und Ärzte" war die Fachwelt begeistert. Und seine „Allgemeine chirurgische Pathologie und Therapie" (1863) kam in mehreren, auch fremdsprachigen Auflagen heraus und diente über Jahrzehnte den Studenten als unersetzliches Lehrbuch. In Zürich war er schnell mit namhaften Vertretern von Wissenschaft und Kultur in Verbindung getreten, hatte unter anderen Gottfried Keller und Johannes Brahms kennengelernt.

Im Jahre 1867 verließ er die Schweiz, ging nach Wien, übernahm als Chef die zweite Chirurgische Klinik in der österreichischen Hauptstadt und wandte sich mit voller Energie dieser Aufgabe zu. Durch ihn sollte hier chirurgisches Neuland erschlossen werden. Die größte bahnbrechende Leistung, zugleich Höhepunkt seines Schaffens, lag im Bereich der Magen- und Darmchirurgie, mit der er 1881 neue wissenschaftliche Operationsverfahren einleitete. Operationsmethoden nach „Billroth I und II" gehörten seitdem zum Standardwissen aller Chirurgen und zu Prüfungsthemen junger Mediziner. Als Operateur in der Klinik, hinter dem Mikroskop im Labor, als Schriftsteller am Schreibtisch und als Lehrer hinter dem Katheder im Hörsaal vollbrachte Billroth Erstaunliches. Er verstand es, im Kreis seiner Schüler, die ihm aus aller Herren Länder zuströmten, Talente zu entdecken und zum selbständigen Handeln anzuregen. Überdies hielt ihn ständig die Verwirklichung von Bauaufgaben in Atem. Die von ihm begründete Wiener Krankenanstalt, das *Rudolfiner Haus*, zur Ausbildung weltlicher Krankenschwestern, das er größtenteils aus eigenen Mitteln errichtete, pflegte er gerne als sein Lieblingswerk zu bezeichnen.

Der in Europa längst berühmte Arzt wurde nach Athen, Neapel, Konstantinopel, Paris, Lissabon und St. Petersburg zu Operationen gerufen. Universitäten bewarben sich um ihn, bemühten sich, ihn als Hochschullehrer zu gewinnen. Siebzig wissenschaftliche Gesellschaften des In- und Auslandes zählten ihn zu ihrem Mitglied oder Ehrenmitglied. Seine publizierten Forschungsergebnisse gelangten in fast unzählige Institute und

Bibliotheken. Von ihm liegen immerhin 162 wissenschaftliche Arbeiten vor, die er in einem brillanten Stil verfertigte. An der Lektüre seiner sehr zahlreichen veröffentlichten Briefe kann man noch heute wahre Freude haben.

Neben seiner anstrengenden Tätigkeit, zu der oft unerquickliche aufreibende Verhandlungen mit Behörden unvermeidlich schienen, fand Theodor Billroth Muße, sich der Kunst zu widmen. Die Musik war die Welt, in der er sich zeitlebens glücklich fühlte. Mit Johannes Brahms verband ihn über Jahrzehnte hinweg eine innige Freundschaft. Neue Kammermusikwerke des Komponisten erklangen gar nicht selten in Billroths Wohnung zum ersten Mal. Wöchentliche Musikabende, die von bedeutenden Meistern wie dem Geigenvirtuosen Joseph Joachim gestaltet wurden, bei denen sich auch der Hausherr als guter Pianist und Bratschist auszeichnete, hatten dort Tradition.

Ungeachtet der überall anerkannten überragenden Erfolge und mannigfacher Ehrungen blieb der gütige große Mann ein bescheidener Mensch. Der Dienst am Kranken, ihm zu helfen, stand für ihn über allem. Und so konnte er seinem Freund Brahms in einem Brief mitteilen: *Die Arbeit in meinem Beruf ist mir die größte Lebensfreude.*

Im Frühjahr 1887 erkrankte Billroth schwer, erholte sich aber dank der liebevollen Pflege von seiner Frau und den drei Töchtern in der von ihm erworbenen Villa am Wolfgangsee wieder. Als er im Herbst jenen Jahres nach Wien zurückkehrte und die Tätigkeit in der Klinik aufnahm, war er über die Freude und Anteilnahme seiner Mitarbeiter und Patienten nachgerade überwältigt. Obgleich er sich anscheinend körperlich und geistig frischer und *kampfesmutiger* denn je fühlte, ließ seine Spannkraft zunehmend nach. 1892 bedankte sich der Kranke mit einem Brief an seinen Kollegen Benno Schmid tief gerührt für eine große Auszeichnung, die ihm widerfahren war. Der Leipziger Professor hatte eine Bronzetafel gestiftet und an dem Geburtshaus zu Bergen anbringen lassen mit der Inschrift:

Am 26. August 1829
wurde hier
Theodor Billroth
geboren.
Nachmals Professor der Chirurgie
in Zürich und Wien.
Einer der hervorragendsten Chirurgen
seiner Zeit.

Billroth starb am 6. Februar 1894 erst vierundsechzigjährig in Abbazin/Italien, dort, wo er Genesung erhofft hatte. Ganz Wien trauerte um ihn. Die Stadt bereitete ihm ein fürstliches Begräbnis. Nachrufe aus vielen Ländern würdigten die großen Verdienste des aus Vorpommern stammenden weltbekannten Arztes, Forschers und Lehrers.

Genschorek, W.: Wegbereiter der Chirurgie. Johann Friedrich Dieffenbach und Theodor Billroth. 2. Aufl., Leipzig 1983

Kozuschek, W.: Theodor Billroth – ein Leben für die Chirurgie. Basel [u. a.] 1992

Wyklicky, H.: Unbekanntes von Theodor Billroth: eine Dokumentation in Fragmenten. Wien 1993

Kern, E.: Theodor Billroth: 1829–1894; Biographie anhand von Selbstzeugnissen. München [u. a.] 1993

Nagel, M.: Theodor Billroth – Chirurg und Musiker. Regensburg 1994

Hermann Burmeister

Hermann Burmeister

1807–1892

Der aus Stralsund stammende Burmeister gehört zu den herausragenden deutschen Naturwissenschaftlern des 19. Jahrhunderts und machte schon in jungen Jahren von sich reden. Als Zweiundzwanzigjähriger erwarb er 1829 im Abstand von nur wenigen Wochen gleich zwei Doktorgrade, den der medizinischen und den der philosophischen Fakultät. Ein Jahr später kam sein fast 600 Seiten umfassendes „Lehrbuch der Naturgeschichte" im Druck heraus. Es folgten 1832 der erste Band des „Handbuches der Entomologie", 1833 „Grundriss der Naturgeschichte [...]", 1837 „Handbuch der Naturgeschichte [...]" und 1843 „Geschichte der Schöpfung. Eine Darstellung des Entwicklungsganges der Erde und ihrer Bewohner [...]" Die Veröffentlichungen erregten allenthalben Aufsehen. Der „Grundriss" (1833) und die *Schöpfungsgeschichte* (1843) erfuhren zahlreiche Auflagen, erschienen auch als fremdsprachige Ausgaben.

Der Name Hermann Burmeister war seinerzeit in vieler Munde. Über Mangel an Lob und Anerkennung brauchte sich dieser Mann wahrhaftig nicht zu beklagen. Als er sein fünfzigstes Lebensjahr erreicht hatte, zählten ihn schon 21 nationale und internationale Akademien und gelehrte Gesellschaften zu ihrem Mitglied, so u. a. von London, Paris, St. Petersburg, Turin und Philadelphia. Im Jahre 1861 verließ er Deutschland für immer und wurde hier – so erstaunlich das auch sein mag – für lange Zeit fast vergessen.

Carl Hermann Conrad Burmeister erblickte am 15. Januar 1807 das Licht der Welt. Sein Vater Christian Hermann Burmeister stand in schwedischen Zolldiensten. Die Mutter, Wilhelmine Christine geborene Freund, war die Tochter eines im Militärgerichtswesen tätigen Beamten. Hermann war in der Ehe der Burmeisters das älteste von fünf Kindern. Die Eltern sahen den Jungen für den Beruf des Kaufmanns vor. Doch dessen Neigungen wiesen in eine andere Richtung. Schon als Knabe begann er begeistert Käfer und Schmetterlinge zu sammeln und bemühte sich, die Insekten sachkundig zu ordnen. Tüchtige Pädagogen des Stralsunder Gymnasiums, das er seit 1813 besuchte, zeigten für die besonderen Interessen des hochbegabten Schülers Verständnis und erreichten es beim Vater, den Wünschen des Sohnes – Medizin und Naturwissenschaft studieren zu können – entgegenzukommen. Damit war das Tor zur späteren wissenschaftlichen Laufbahn geöffnet. Hermann durchlief sämtliche Klassen der sundischen Lehranstalt spielend, legte 1825 die Reifeprüfung ab und nahm an der Universität Greifswald unverzüglich das Studium auf. Dort erlebte der junge Studiosus sogleich eine herbe Enttäuschung. Was jedenfalls sein Lieblingsgebiet, nämlich die Insektenkunde, betraf, blieben alle Erwartungen unerfüllt. *Ich bin in Greifswald der erste Entomologe*, ist in einem Brief von 1826 an die Mutter zu lesen, *es wäre mir lieber, stände wie in Halle oder Jena jemand über mir, von dem ich etwas lernen könnte.*

Deshalb wohl auch verließ er 1827 die Alma mater der Ryckstadt, wechselte nach Halle über und fand dort vortreffliche Gelehrte in Zoologie, Botanik, Paläontologie und Medizin. Das traf auch für Berlin zu, wohin es ihn 1830 zog.

Es war für Burmeister gewiß mehr als ein Jugendtraum, hinaus in die Welt zu gehen, sich in fremden Ländern entdeckend, forschend zu betätigen. Die Verwirklichung dieses Wunsches schien in greifbarer Nähe, als sich ihm nach Ableistung eines militärchirurgischen Pflichtjahres die Stellung des Arztes in einer niederländischen Kolonie in Fernost bot. Seine Bewerbung wurde jedoch zu seinem Bedauern abgelehnt.

Hermann Burmeister resignierte indes mitnichten. Getreu seinem Wahlspruch: *Wer will, kann viel, wer nichts will, kann gar nichts,* wandte er sich unverzüglich der Lehre zu. Er war zunächst Pädagoge an Berliner Gymnasien. Währenddes arbeitete er unermüdlich wissenschaftlich, und mit Herausgabe des ersten Bandes des „Handbuches der Entomologie" (1832) begründete er bereits seinen internationalen Ruf. 1834 erfolgten an der Berliner Universität die Habilitation und der Beginn von zoologischen Vorlesungen. 1842 wurde er als Ordinarius nach Halle berufen. Und mit ihm trat ein von den Studenten begeistert gefeierter Professor hinter das Katheder des stets voll besetzten Auditoriums. Burmeister verstand es, zumeist in freier Rede, den wissenschaftlichen Stoff überzeugend vorzutragen. *Mit der Kreide in der Hand warf er in unglaublicher Fertigkeit und Schnelligkeit die verwickelsten Gegenstände der Zoologie auf die schwarze Tafel und machte sie bei der Erläuterung gleichsam lebendig,* hieß es. Er widmete sich zugleieh mit Vehemenz den naturwissenschaftlichen Sammlungen der Hallenser Universität, erreichte es, sie durch Exponate aus aller Welt, auch mit eigenen und anderen privaten Beständen, erheblich zu erweitern. Er systematisierte, bezeichnete die Stücke in vorbildlicher Weise und entwickelte ein naturwissenschaftliches Museum, dessen Bedeutung auch gegenwärtig noch weit über die Martin-Luther-Universität Halle hinausgeht.

In der Revolutionszeit um 1848 sah man den für alles Neue aufgeschlossenen fortschrittlichen Wissenschaftler in den Reihen derer, die einen Wandel der alten, damals rückständigen Verhältnisse erstrebten. Als Deputierter des preußischen Abgeordnetenhauses und Vertreter Dunckers in der Frankfurter Nationalversammlung bemühte er sich um Veränderungen der bisherigen Zustände. Nachdem sich dies als aussichtslos erwies, wandte er sich bitter enttäuscht von der Politik ab und vorbehaltlos der wissenschaftlichen Arbeit zu. In Berlin hatte er Alexander von Humboldt persönlich kennengelernt, der ihn seinen Freund nannte und ihm 1850 durch Fürsprache bei preußischen Ministerien die erste Südamerikareise ermöglichte. Nach zwei Jahren kehrte Burmeister aus Brasilien mit reichem Sammelgut nach Halle zurück. 1856 konnte er wieder auf Humboldts Empfehlungen eine vierjährige Forschungsreise unternehmen, die ihn nach Uruguay und in die tropischen Regionen Nordargentiniens führte. Im Jahre 1860 weilte er zum Besuch seiner jüngsten Schwester Cecilie das letzte Mal in seiner Heimatstadt Stralsund. Als ihm die Lehrtätigkeit durch mancherlei Mißhelligkeiten verleidet wurde, erbat er 1861 seine Entlassung aus der Universität Halle und siedelte endgültig auf den südamerikanischen Kontinent über. Im Februar 1862 wurde Hermann Burmeister zum Direktor des „Museo Publico“ von Buenos Aires ernannt, das er 30 Jahre lang – bis zu seinem Tod – leitete und zu einem Institut von hohem Rang aufbaute.

Vom Deutschen Meeresmuseum zu Stralsund ist der Lebensweg Burmeisters und dessen Forschungsarbeit in Südamerika bis ins einzelne nachgezeichnet worden. Was dieser Wissenschaftler als Zoologe, Geograph, Geologe, Botaniker, Ornithologe, auch als Paläontologe und Meteorologe leistete, grenzt schier ans Unglaubliche. Allein die Liste seiner wissenschaftlichen Veröffentlichungen, die immerhin annähernd 300 Titel ausweist, spricht für sich. Hermann Burmeister durchreiste das Gebiet kreuz und quer, entdeckte, beobachtete, beschrieb, zeichnete viele Eigenheiten des damals wenig erforschten Landes. Er setzte seine Expeditionen unermüdlich fort, auch als er sich nach einem Unglücksfall ein Bein so schwer verletzte, daß er zeitlebens hinken mußte. Zahlreiche durch ihn entdeckte und beschriebene Tier- und Pflanzenarten wurden nach ihm benannt. Sogar ein Berg im hohen Norden von Spitzbergen trägt seinen Namen.

Als Stralsunder Gymnasiast hatte er sich unter Anleitung des befähigten Zeichenlehrers und Malers Wilhelm Brüggemann gute Fähigkeiten zum bildhaften Gestalten von Gegenständen erworben. Burmeisters Blätter mit Bäumen, Pflanzen, Tieren, Fossilien, Gebäuden, Menschen können mit Fug und Recht als beachtliche Kunstwerke betrachtet werden. Die in glänzendem Stil verfaßten Reisebeschreibungen sind auch noch heutzutage mit Genuß zu lesen. Dabei war er ein durchaus kritischer Beurteiler von Zuständen jener Zeit. Sein Bericht über den tropischen Urwald zum Beispiel dürfte auch gegenwärtig als höchst aktuell zur Kenntnis genommen werden. Es heißt dort (1853): *Vieles ist störend. Manches unangenehm, Einiges geradezu widerlich – der Mensch greift im Kampf mit der wilden Natur zu jedem Mittel, das seinen Zwecken förderlich erscheint, und ohne die Folgen, die Zukunft zu bedenken, gebraucht er gerade dasjenige am liebsten, was am schnellsten und leichtesten ihn in der Gegenwart zum Ziele führt.* Und was die Einwohner betrifft, wußte sich Hermann Burmeister in gleicher Weise mißbilligend über Erscheinungen der Sklaverei zu äußern.

In Argentinien war er inzwischen zu einer uneingeschränkten Autorität emporgestiegen und stand als wissenschaftlicher Berater der Regierung in hohem Ansehen. Im Jahre 1870 beauftragte ihn der Präsident des Landes, an der argentinischen Universität Cordoba eine naturwissenschaftliche Fakultät nach deutschem Vorbild einzurichten, deren Leitung er für einige Jahre selbst übernahm.

Als er am 2. Mai 1892 starb, trauerten nicht nur die Argentinier um ihn. Er erhielt ein Staatsbegräbnis, und hinter seinem Sarg schritt der Präsident der Republik, die ihm zu Ehren ein großes, aus weißem Marmor gefertigtes, Denkmal errichten ließ.

Hermann Burmeister war zweimal verheiratet. Der ersten 1836 geschlossenen Ehe mit der Tochter des Hamburger Reeders und Entomologen Sommer entsprangen zwei Söhne, von denen der ältere, Christian, ihn auf seinen Forschungsreisen begleitete. Die Ehe wurde 1861 geschieden. 1865 ging er die zweite mit der Brasilianerin Petrona Louise de Tejeda ein, mit der er vier Kinder hatte.

Der geborene Vorpommer erfährt nun auch in Deutschland mannigfache Ehrungen. Kongresse mit internationaler Beteiligung würdigten die Leistungen des hervorragenden Wissenschaftlers. In Stralsund wird sein Erbe nachhaltig gepflegt. Das Deutsche Meeresmuseum schuf (1993) in einem sorgfältig restaurierten historischen Giebelhaus eine eindrucksvolle Burmeister-Gedenkstätte. Anläßlich des 100. Todestages (1992) benannte die Bürgerschaft der Hansestadt eine Schule nach ihm. Auch die Hermann-Burmeister-Straße erinnert an den großen Sohn der Stadt.

Sonderband *Hermann Burmeister* der Schriftenreihe „Meer und Museum" des Meeresmuseums Stralsund – Deutsches Museum für Meereskunde und Fischerei, Bd. 9. 1993 – Darin u. a.:

Gerhard Schulze: Carl Hermann Conrad Burmeisters Leben im Überblick. S. 4–7

ders.: Burmeisters Forschungsreisen in Südamerika. S. 18–32

ders.: Hermann Burmeister in Argentinien – seine zweite große Schaffensperiode. S. 33–48

ders.: Die Ehrungen und Würdigungen Hermann Burmeisters. S. 70–75

ders.: Das Werk Hermann Burmeisters. S. 76–89

Hans-Joachim Hacker: Hermann Burmeister – ein Kind der Hansestadt Stralsund. S. 8–11

Dietrich Heidecke: Carl Hermann Conrad Burmeister – Professor und Hochschullehrer der Alma mater Hallensis. S. 12–17

Hannelore Landsberg: Hermann Burmeister und seine Beziehungen zum Zoologischen Museum Berlin. S. 49–51

Rudolf Piechocki: Hermann Burmeister als Ornithologe. S. 52–58

Otto Fock

Otto Fock

1818–1872

Seine Wiege stand im Norden der Insel Rügen – unweit Arkonas. Dort, in Schwarbe, erblickte er am 29. April 1818 das Licht der Welt, und dort verlebte er im Kreise von sieben Geschwistern in ländlicher Umgebung eine sorgenfreie Kindheit. Der Vater, Domänenpächter und Oberamtmann Peter Fock, konnte den Kindern jene Ausbildung ermöglichen, wie sie seinerzeit bei wohlhabenden Familien des Landes gang und gäbe war. Hauslehrer erteilten den Unterricht. Und sie hatten niemals Gründe, sich über den fleißigen Zögling Otto zu beklagen. Als der hochbegabte Junge mit fünfzehn Jahren in das Stralsunder Gymnasium zog, erregte er die Aufmerksamkeit der Lehrer ebenso wie die Bewunderung der Mitschüler. Er glänzte von Anfang an durch hervorragende Leistungen und nahm an der Bildungsanstalt bald den Rang des *Primus* ein. Jenes Allotria, wie es die Gymnasiasten oft genug trieben, lag ihm fern. Er hatte statt dessen, wie es hieß, stets das Ziel des Wissenerwerbs vor Augen, entwickelte dabei zugleich Fähigkeiten in der Musik und im Zeichnen.

Wie sein Landsmann Ernst Moritz Arndt entschloß er sich zum Studium der Theologie und ließ sich im Herbst 1837 an der Universität Bonn einschreiben, wechselte aber vom Rhein an die Spree über. Und hier, in Berlin, erfuhr er in seiner wissenschaftlichen Laufbahn die erste herbe Enttäuschung. Als er sich nämlich 1842 um die theologische Licentiatenwürde bewarb, seine sorgfältig angefertigte Arbeit einreichte, wurde die wegen *mangelnder Rechtgläubigkeit* schlankweg abgelehnt. Er hatte darin eine liberale, kritische Richtung vertreten, eine Haltung offenbart, die ihn zeit seines Lebens auszeichnen sollte.

Otto Fock begab sich nach Greifswald. Nach Überwindung erheblicher Schwierigkeiten durfte er sich dort endlich zum Licentiaten-Examen anmelden, das er an der Theologischen Fakultät mit bestem Prädikat bestand. Wenn er annahm, daß nunmehr der Weg für die erstrebte wissenschaftliche Tätigkeit geebnet sei, hatte er sich geirrt. Die Habilitation wurde ihm verwehrt, und zwar deshalb, weil man an der Alma mater der Ryckstadt keine *freisinnigen Lehrkräfte* wünschte. Fock mußte wohl oder übel die pommersche Universität verlassen. Er ging nach Kiel, wo er sich 1843 offenbar ohne Bedenken zu habilitieren vermochte. Damals war er bereits ein kranker Mann. Ein nervöses Fieber warf ihn monatelang nieder, so daß er erst 1844 mit Vorlesungen über Dogmengeschichte, Symbolik, Geschichte der neuesten Theologie und über die Paulinischen Briefe beginnen konnte. Die Studenten strömten zu ihm in den Hörsaal und feierten ihn mit großem Beifall. Mit Otto Fock stand ein Privatdozent hinter dem Katheder, der die akademische Jugend anzusprechen, mehr noch: zu begeistern wußte.

Neben seiner Lehrtätigkeit entfaltete der begnadete Hochschulpädagoge eine umfangreiche literarische Arbeit. Zahlreiche Beiträge aus seiner Feder erschienen in der damals weithin bekannten „Hallischen Allgemeinen Literaturzeitung“, in den „Cotta'schen Monatsblättern“ und weiteren Zeitschriften. Die Veröffentlichung von Monographien, in denen er sich u. a. gegen den Mißbrauch der Verehrung des *heiligen Rocks* wandte, entfachten einen Sturm der Entrüstung – freilich nicht bei den Studenten, sondern bei anderen. Die katholische Kirche trat auf den Plan, und die Königin, Gemahlin Christians VIII. von Dänemark – Kiel war seinerzeit in den dänischen Gesamtstaat eingegliedert – rangierte dabei als glühende Anhängerin der orthodoxen Richtung mit giftigen Entgegnungen an erster Stelle. Ungeachtet von Forderungen der Studentenschaft erreichte sie es, die berechtigte Vergabe einer Professur an den von der Jugend geschätzten, verehrten und geliebten Dozenten zu vereiteln.

Otto Fock verließ nach vierjähriger Lehrtätigkeit, die er später rückblickend als eine glückliche Zeit betrachtete, die Universität Kiel, wandte sich der Politik zu, und befand sich 1848 inmitten der Nationalversammlung zu Frankfurt am Main. Inzwischen hatte er den aus Stralsund stammenden Schriftsteller Dr. Heinrich Kruse persönlich kennengelernt, der ihn zur Mitarbeit in der Redaktion der „Neuen Berliner Zeitung“ ermunterte. Fock erlangte binnen kurzem den zweiten Beruf. Er wurde Journalist, redigierte mehrere Blätter, so die viel gelesene, einflußreiche „Schleswig-Holsteinische Zeitung“ und dann die „Norddeutsche Freie Presse“, mit der er in scharfe Opposition zur damaligen provisorischen konservativen Regierung Schleswig-Holsteins trat. Ihm ging es im Kampf gegen Dänemark darum, die freiheitliche Entwicklung des Landes zu fördern. In den kriegerischen Auseinandersetzungen hielt es ihn nicht in der Redaktionsstube. 1850 sah man ihn als Mitglied der schleswig-holsteinischen Landesversammlung und dann – entgegen dem Rat der Ärzte – in der Stellung des Zugführers einer Freiwilligenkompanie. Aus gesundheitlichen Gründen mußte er jedoch aus der Armee ausscheiden und konnte sich wieder der Zeitungsarbeit zuwenden. Die von ihm herausgegebene „Freie Presse“, mit der er nach wie vor gegen die unzulänglichen politischen Verhältnisse wetterte, hatte ihren Sitz in Altona. Als er 1852 beabsichtigte, nach Hamburg überzusiedeln, wurde ihm dies von der dortigen Polizei verboten. *Sein Name stand in schwarzen Büchern der neuen Machthaber*, bemerkte der Stralsunder Ratsbibliothekar Dr. Rudolf Baier zutreffend.

Fock kehrte in jenem Jahr endgültig nach Vorpommern zurück, lebte zunächst im elterlichen Gutshaus auf Wittow, dann in Prohn und zuletzt in Stralsund. Hier widmete sich der an Brustleiden und Herzbeschwerden erkrankte Wissenschaftler einer gründlichen Erforschung der Heimatgeschichte. Obwohl er seine Studien mehrmals unterbrechen mußte, so durch die stationäre Behandlung in einer Berliner Klinik und den Aufenthalt in den Bädern Pyrmont, Oeynhausen, Karlsbad, Teplitz und Wiesbaden, leistete er Erstaunliches. Sein mehrbändiges Hauptwerk „Rügensch-Pommersche Geschichten aus sieben Jahrhunderten", stellte damals sämtliche bisher erschienenen Veröffentlichungen zur pommerschen Geschichte buchstäblich in den Schatten.

Bei dem Titel könnte man vermuten, daß es sich schlicht und einfach um Erzählungen handelt. Dem ist mitnichten so. Hier wird handfeste, auf sorgfältige Prüfung aller verfügbaren Originalquellen beruhende Forschung geboten. Detailuntersuchungen einzelner Städte, Orte und Ländereien werden bei ihm stets in größere, nationale Zusammenhänge eingeordnet. Dies ist zweifellos ein bestechender Vorzug seiner Arbeit, ein anderer sein frischer, gut lesbarer Stil. Otto Fock konnte schreiben. Das beginnt bereits mit der lebendigen Schilderung des Feldzugs der Dänen im 12. Jahrhundert gegen Arkona, dort, wo er unter den Wällen der slawischen Tempelburg seine Jugend verbrachte, und endet im sechsten Band mit einer eindrucksvollen Interpretation der Landeszustände im 17. Jahrhundert. Schon der erste, 1861 in Leipzig herausgekommene Band ließ viele aufhorchen, machte auch in wissenschaftlichen Kreisen sozusagen Furore. Die Greifswalder Universität verlieh ihm dafür die Würde eines Ehrendoktors.

In den folgenden Bänden, in denen er neben den politischen Ereignissen auch das alltägliche Leben der Bewohner ausführlich beschrieb, setzte er sich kritisch mit älteren Anschauungen, auch und nicht zuletzt mit solchen namhafter Zeitgenossen, auseinander. Fock war immer um die allgemeinverständliche Darstellung der Geschichte bemüht. Dort, wo ihm zu seiner Beweisführung die Wiedergabe längerer Urkundentexte unerläßlich schien, wurden diese im Anhang der Bände veröffentlicht.

Wie zur Zeit seiner Kieler Universitätstätigkeit fand er auch in Stralsund Gelegenheit, sich in Zeitschriften mit Rezensionen und Beiträgen zu äußern. Vortreffliche Aufsätze in der „Nationalzeitung" zeugen unter anderem davon. Bedauerlicherweise blieb das Standardwerk der „Rügensch-Pommerschen Geschichten" unvollendet. Bei den Arbeiten am siebenten Band, der die Belagerung des Großen Kurfürsten Friedrich Wilhelm von Brandenburg von 1678 bis in die neueste Zeit behandeln sollte, nahm ihm der Tod die Feder aus der Hand. Er starb in Stralsund am 24. Oktober 1872 im Alter von erst 54 Jahren an *Brustleiden und Wassersucht*, wie es im Sterberegister der Heilgeistkirche nachzulesen ist. *Ein reiches der Wissenschaft geweihtes Leben ist erloschen*, lautet es im ersten Nachruf in der „Stralsundischen Zeitung".

Otto Fock wurden noch zu seinen Lebzeiten mannigfache Ehrungen zuteil. So ernannte ihn die Gesellschaft für Pommersche Geschichte und Altertumskunde zu ihrem Ehrenmitglied. Zwei Jahre vor seinem Tod erhielt er auf Veranlassung des in Stralsund geborenen Naturwissenschaftlers Hermann Burmeister die Berufung als Professor an die südamerikanische Universität Buenos Aires, eine hohe Auszeichnung, die ihm die deutschen Hochschulen verweigert hatten. Der inzwischen schon erkrankte Fock mußte den Ruf ablehnen. Heute erinnert in Stralsund der Name einer Straße an ihn. An seinem Wohnhaus in der Heilgeiststraße befand sich bis zum 6. Oktober 1944 eine Gedenktafel. Das Gebäude sank bei dem Bombenhagel des Zweiten Weltkriegs in Schutt und Asche.

Baier, H.: Otto Fock. In: Stralsundische Zeitung 1872. Nr. 252–255

Ewe, H.: Otto Fock. Schriftsteller und Forscher. In: Ostsee-Zeitung 1992, Nr. 116

ders.: Otto Fock. Ein bedeutender Wissenschaftler Rügens.
In: Rugia Journal, Jg. 1996, S. 56–59

Caspar David Friedrich

Caspar David Friedrich

1774–1840

Caspar David Friedrich entstammt einer Handwerkerfamilie und wurde am 5. September 1774 in Greifswald geboren. Die Eltern waren aus Neubrandenburg in die Ryckstadt gekommen, und hier hatte der Vater, Adolf Gottlieb Friedrich, eine Lichtgießerei und Seifensiederei begründet. Caspar David verlor seine Mutter, die zehn Kinder gebar, bereits im Alter von sieben Jahren. Ein Jahr darauf verstarb seine Schwester Elisabeth. Und als Dreizehnjähriger (1787) ertrank vor seinen Augen der von ihm besonders geliebte Bruder Johann Christoffer beim Schlittschuhlaufen. Diese schmerzlichen Ereignisse überschatteten nicht nur das Leben des Jungen, sie fanden wohl auch in seinem künstlerischen Schaffen Ausdruck. Die um Tod und Vergänglichkeit kreisenden Themen lassen dies jedenfalls in seinen Werken gar nicht so selten erkennen.

Der begabte und für Kunst früh aufgeschlossene Caspar David hatte in dem Greifswalder Universitätszeichenmeister Johann Gottfried Quistorp einen verständnisvollen Lehrer gefunden. *In einem stillen Unterrichtszimmer scharte er ein Dutzend Knaben um sich*, heißt es, vermittelte ihnen Grundkenntnisse der bildenden Kunst und verstand es, sie auf Wanderungen in die Umgebung für die Eigenart und Schönheit der vorpommerschen Landschaft zu begeistern. Quistorp erkannte sehr bald das ungewöhnliche Talent seines Schülers Friedrich und verhalf ihm zu einem Stipendium zum Besuch der Kunstakademie Kopenhagen, an der er von 1794 bis 1798 studierte.

Danach zog es ihn in die Kunstmetropole Dresden. Die Elbestadt mit ihrem glanzvollen Barock, mit der Akademie, den Galerien, Ateliers und einer vielem Neuen zugewandten Gesellschaft kam dem aufstrebenden Künstler aufs beste entgegen. Nach und nach gewann er Freunde, die seinen Weg begleiteten, ihn anregten und förderten. Der Porträtist Gerhard von Kügelgen, der Arzt und Maler Carl Gustav Carus, der Mecklenburger Maler Georg Friedrich Kersting, der Dichter Ludwig Tieck, der Philosoph Gotthilf Heinrich von Schubert gehörten dazu. 1801 traf aus Kopenhagen der Vorpommer Philipp Otto Runge in Dresden ein. Auch mit seinem Landsmann Ernst Moritz Arndt kam er zusammen.

Friedrich hatte es anfangs in Dresden beileibe nicht leicht, war in seinem Dasein wahrlich nicht auf Rosen gebettet. Mit Zeichnungen und Holzschnitten bestritt er zunächst seinen dürftigen Unterhalt. Als er begann, Sepiablätter zu schaffen, die Bewunderer und Käufer fanden, verbesserten sich allmählich seine Verhältnisse. Im Jahre 1805 war er *dreist genug*, sich mit zwei Sepien an einem Wettbewerb in Weimar zu beteiligen, die ihm immerhin einen *halben ersten Preis* und die Anerkennung Goethes einbrachten. Fünf Jahre später besuchte ihn übrigens der Dichter in seinem Dresdener Atelier. Vorher hatte er mit größeren Arbeiten auf sich aufmerksam gemacht. Zu den ersten sozusagen bahnbrechenden Leistungen zählt das Gemälde „Kreuz im Gebirge" (1807/1808). Es war offensichtlich für die Hauskapelle der Gräfin Thun in ihrem böhmischen Schloß Tetschen bestimmt. Das Altarbild erfuhr sogleich von Freunden begeisterte Zustimmung, von Gegnern indes barsche Ablehnung. Der Kunstkritiker Kammerherr Friedrich Wilhelm von Ramdohr entfachte eine heftige Kontroverse, die als *Ramdohrstreit* in die Kunstgeschichte einging. Ramdohr hielt es nachgerade für völlig ungeeignet, die Landschaft auf diese Weise in ein Gotteshaus zu bringen. Es sei *eine Anmaßung*, lautet es, *wenn die Landschaftsmalerei sich in die Kirche einschleicht und auf die Altäre kriechen will.*

Friedrich und dessen streitbare Freunde ließen sich freilich keinesfalls in dem Bestreben beirren, der neuen romantischen Landschaftsmalerei, die sich in dem Bild „Kreuz im Gebirge" programmatisch ankündigte, zum Durchbruch zu verhelfen. Einen sehr beachtlichen Erfolg erreichte der Künstler mit den beiden großen Kompositionen „Mönch am Meer" und „Abtei im Eichenwald", die 1810 in der Berliner Akademieausstellung gezeigt, vom preußischen Kronprinzen, dem späteren König Friedrich Wilhelm IV., käuflich erworben wurden. Es spricht zweifellos für den Ruhm des Malers, daß ihn die Königliche Akademie der Hauptstadt Preußens 1811 zu ihrem Mitglied wählte.

Caspar David Friedrich weilte von Dresden aus wiederholt in der Geburtsstadt Greifswald und im Kreise seiner Familie, durchstreifte die vorpommersche Landschaft und hielt mit dem Stift in Skizzenbüchern dies und das fest – Hügel und Täler, Partien des Ostseeufers, einzelne Bäume, Hünengräber, Schiffe, Boote, Segel, Netze, Bauernhäuser, gotische Backsteinkirchen und anderes. Die bildschöne Zeichnung „Königsstuhl" entstand schon 1801. Aus demselben Jahr sind Architekturstudien von Neubrandenburg überliefert. Rügen hatte es ihm offenbar besonders angetan. Wanderungen über die Insel sind für die Jahre 1801 und 1802, 1806, 1809, 1818 und 1826 bezeugt. Die Halbinsel Mönchgut im Südosten, Arkona im Norden und die Stubnitz auf Jasmund schienen allein durch die Vielfalt der Formen seinem künstlerischen Wollen sehr entgegenzukommen. Von dem Freund Gotthilf Heinrich von Schubert stammt diese Schilderung: *Die stille Wildnis der Kreidegebirge und der Eichenwaldungen [...] waren im Sommer, noch mehr aber in der stürmischen Zeit des Spätherbstes und im angehenden Frühling, wenn auf dem Meere an der Küste das Eis brach, sein beständiger, sein liebster Aufenthalt. In Stubbenkammer verweilte er am öftesten, dort sahen ihn die Fischer manchmal mit Sorge um sein Leben [...] auf und zwischen den Zacken der Bergwand und ihren ins Meer hineinragenden Klippen herumklettern.* Das, was er vor Ort skizzierte, wurde im Dresdener Atelier zu großartigen Gemälden gestaltet, „Landschaft mit dem Regenbogen“ zum Beispiel, „Kreidefelsen auf Rügen“ und „Mondaufgang am Meer“, ein Bild, das noch zu Lebzeiten des Künstlers von Rußland angekauft, heute zu den bedeutendsten Leistungen der deutschen Romantik in der Ermitage zu St. Petersburg gehört. Leider gelangte der Plan eines größeren Sammelwerkes über Rügen, für das der Maler Simon Wagner Volkstümlichkeiten wie Trachten zeichnen und der Stralsunder Pfarrer Adolf Friedrich Furchau den erläuternden Text schreiben sollten, nicht zum Abschluß. Wie auch immer: Friedrich lenkte mit seinen hervorragenden Werken die Aufmerksamkeit vieler Menschen in Deutschland und darüber hinaus auf die Ostsee-Insel und machte sie weithin bekannt.

Auch ein anderes Vorhaben des Künstlers konnte bedauerlicherweise nicht verwirklicht werden, und zwar sein Vorschlag zur Restaurierung der Stralsunder Marienkirche. Sie war während der französischen Besatzung zu Beginn des 19. Jahrhunderts verwüstet worden. Nach dem Ende des Befreiungskrieges befleißigten sich städtische Behörde und Kirchengemeinde, das Gotteshaus wieder instandzusetzen. An Hand der archivalischen Quellen lassen sich die Vorgänge der Wiederherstellung bis ins einzelne verfolgen. Als sich Entwürfe einheimischer Architekten als *mangelhaft* erwiesen, bemühten sich Bürgermeister und Rat um auswärtige Künstler und wandten sich auf Anraten Quistorps und des Greifswalder Rechtsgelehrten Schildener an Karl Friedrich Schinkel und Caspar David Friedrich, der zweimal, 1817 und 1818, Entwürfe einreichte und sich die Arbeit nicht leicht gemacht hatte. In einem Brief an den in Greifswald lebenden Bruder Christian vom 31. Januar 1818 teilte er mit, daß ihn *die Zeichnungen unendliche Mühe und Zeit gekostet, daß er anderes versäumt und vernachlässigt habe.* Friedrich machte es dem Auftraggeber zur Bedingung, daß die Ausführung der Entwürfe seinem Bruder Christian, dem künstlerisch begabten Tischlermeister, übertragen werde. Ihm riet er wohlweislich, für die Abfassung eines günstigen Vertrages den Professor Schildener zu Rate zu ziehen, denn, so lautet es wörtlich, *er traue keiner Obrigkeit übern Weg.*

Die Vorstellungen des Künstlers zur Neugestaltung der Marienkirche sind bekannt. Er hat sie in einem ausführlichen Schreiben an den *Hochweisen Rath* zu Stralsund, dessen Original im Stadtarchiv erhalten ist, erläutert. *Ein Gebäude so zur Gottes Verehrung bestimmt ist,* heißt es darin, *muß nach meiner Meinung möglichst einfach geordnet seyn. Der Eintretende muß mit einem Blicke das Ganze überschauen können, aber dieser eine Blick muß womöglich Herz und Gemüt erheben und stimmen, vor dem sich zu demüthigen, der Herz und Nieren prüfet [...] Ein Gebäude, wo man sich versammelt, sich vor Gott zu demüthigen, vor den, bei dem kein Ansehen der Person gilt, da müßte billig aller Unterschied der Stande aufhören, und der Reiche muß wenigstens an diesem Orte fühlen, daß er nichts mehr als der Arme ist, und der Arme muß den sichtbaren Trost haben, daß wir vor Gott alle gleich sind.* Mit diesen Ausführungen kam der gläubige Christ zu Wort. In dem genannten Brief werden auf fünf eng beschriebenen Seiten Töne angeschlagen, die den *hochwohllöblichen* Herren im sundischen Rathaus sicher nicht wohltuend in den Ohren klangen. Sie pochten seinerzeit immer noch auf eine Sonderstellung – auch im sakralen Bereich – wünschten beispielsweise, das Ratsgestühl an repräsentativer Stelle im Chorraum von St. Marien plaziert zu sehen. Friedrichs Überlegungen kamen ihnen dabei in keiner Hinsicht entgegen. Es ist ohnehin erstaunlich, daß sich der berühmte Maler der Romantik mit der architektonischen Gestaltung eines Kirchenraumes befaßte. Die Verhandlungen um die Stralsunder Marienkirche zogen sich jahrelang hin, bis schließlich im Ratsprotokoll zu lesen steht: *Die Entwürfe des Professors Friedrich sind zurückzustellen,* und dies bedeutete nichts anderes, als abzulehnen.

Der Künstler arbeitete in Dresden währenddes – getreu seinem Leitspruch: *der Maler soll nicht bloß malen, was er vor sich hat sondern auch, was er in sich hat* – unermüdlich weiter und schuf Werke von europäischer Geltung, so „Wiesen bei Greifswald“ (1821), „Landschaft mit Windmühlen“ (1823), „Huttens Grab“ (1824), „Ruine Eldena“ (1824), „Das große Gehege bei Dresden“ (1832) oder „Die Lebensstufen“ (1835). Im Jahre 1816 wurde Friedrich zum Mitglied der Dresdener Kunstakademie ernannt und ihm ein Jahresgehalt von 100 Talern bewilligt. 1818 heiratete er die 19 Jahre jüngere Caroline Bommer, die Tochter eines Faktors bei der Dresdener Blaufarbenniederlassung. Der Ehe entsprangen drei Kinder. 1824 erfolgte die Ernennung zum Professor. Seinem Wunsch, an der Kunstakademie lehren zu können, entsprach man zu seinem Bedauern nicht. Doch der König erhöhte sein Gehalt immerhin auf 200 Taler.

Die letzten Lebensjahre des Künstlers waren von mancherlei Mißhelligkeiten erfüllt. 1836 erlitt er einen Schlaganfall. Enttäuschung, Verbitterung griffen bei ihm um sich, so daß sogar der persönliche Umgang mit ihm schwierig wurde. Hinzu kam die Tatsache, daß es auch in seiner wirtschaftlichen Situation nicht zum Besten stand. Wenn man bedenkt, daß der begnadete Maler auf erstaunliche Arbeitsleistungen blicken konnte – der Forschung gelang es, 247 Friedrich-Bilder zu ermitteln – erscheint es nachgerade unverständlich, daß die Familie sich lediglich in ärmlichen Verhältnissen zu bewegen vermochte, und später die Witwe Caroline in ihrer Armut um Unterstützung beim russischen Zaren nachsuchen ließ, die ihr auch gewährt wurde. Der in Greifswald geborene Caspar David Friedrich war am 7. Mai 1840 in Dresden gestorben. Er hinterließ mit seinen Zeichnungen, Sepien, Aquarellen und Ölgemälden ein fast unvergleichliches Werk, das sich nicht nur in Deutschland größter Wertschätzung erfreut.

Gärtner, H. (Hrsg.): Caspar David Friedrich. Leben, Werk, Diskussion. Berlin 1977

Geismeier, W.: Caspar David Friedrich. 3. veränderte Aufl., Leipzig 1984

Jensen, J. Ch.: Caspar David Friedrich. Leben und Werk. 8. Aufl. Köln 1988

Schmied, W.: Caspar David Friedrich – Zyklus, Zeit und Ewigkeit. München, London, New York 1999

Hofmann, W.: Caspar David Friedrich. Naturwirklichkeit und Kunstwahrheit. München 2000

Friedrich von Hagenow

Friedrich von Hagenow

1797–1865

Der vorpommersche Wissenschaftler teilte nicht das Schicksal anderer Gelehrter, deren Forschungsergebnisse in ihrer Zeit allzuoft geflissentlich übersehen wurden. Man braucht nur an Hagenows großartige „Special-Charte der Insel Rügen, nach den neuesten Messungen unter Berücksichtigung aller vorhandenen Flurkarten entworfen“ von 1829 zu denken, um zu erkennen, daß das kunstvoll in Kupfer gestochene, mehrteilige großformatige Blatt schon im 19. Jahrhundert für verschiedene Anliegen unentbehrlich war. Er hatte es nach Verfahren der Triangulation hergestellt und damit die erste brauchbare, topographisch genaue Inselkarte geliefert. Für diese Leistung schulden ihm auch heutzutage nicht nur Geographen und Historiker, sondern auch Archäologen Dank und Anerkennung, allein deshalb, weil er darauf die prähistorischen Funde sorgfältig vermerkte: Opfersteine, Urnenfriedhöfe, Großsteingräber, Hügelgräber und Burgwälle. Von den durch ihn verzeichneten steinzeitlichen Grabanlagen – das waren immerhin 232 – fielen die meisten leider dem Straßen- und Häuserbau, wohl auch dem Unverstand Unkundiger anheim, so daß gegenwärtig lediglich 54 erhalten sind.

Die früheste Zeit hatte es Friedrich von Hagenow zunächst offenbar besonders angetan. In seinen Aufzeichnungen von 1829 lautet es: *Im Jahre 1815 kam ich zur Erlernung der Landwirtschaft nach Schoritz auf Rügen, wo ich zum ersten mal von Hünengräbern hörte und mit Erstaunen die colossalen Werke der Vorzeit erblickte.* Und als er bei Pastor Franck zu Bobbin dessen der Fachwelt bekannte reichhaltige Sammlung archäologischer Fundstücke betrachtete, wuchs die *Begierde*, mehr zu erfahren. *Rastlos arbeitete ich jetzt fort,* heißt es, *mit großer Anstrengung untergrub ich die Steinmassen, zog mit großer Mühe und Sorgfalt die Alterthümer hervor, gewann so immer mehr Übung und Kenntniß.* Er befleißigte sich sogleich, Ordnung in die Fülle der Funde zu bringen und katalogisierte sie. Auf diese Weise steht sein Name ganz am Anfang vorpommerscher Ur- und Frühgeschichtsforschung. Doch ihn begeisterte nicht allein dieser Wissenschaftszweig, er betätigte sich u. a. auch erfolgreich auf dem Gebiet der Kartographie. So stammen von ihm zehn weitere Karten, von denen das lithographierte Blatt Neuvorpommern und Rügen seit 1839 nicht weniger als 19 Auflagen erfuhr. Hagenow gehört noch zu jenen Gelehrten, die den Gedanken der „Universitas litterarum" (der Wissenschaft ihn ihrer Gesamtheit) aufs Beste verwirklichten. Er entzifferte uralte Runeninschriften, veröffentlichte Beiträge zur Ornithologie Pommerns, arbeitete vorübergehend im mecklenburgischen Justizamt Dargun, erfand optische und physikalische Instrumente, konstruierte Maschinen, sammelte und ordnete Gesteine und Fossilien, begründete die erste Schlämmkreidefabrik Deutschlands, entdeckte Pfahlbauten der frühen Greifswalder Stadtentwicklung, musizierte und verfaßte auf Anregung Fritz Reuters gar lyrische Dichtungen. Kurzum: das äußerst umfangreiche Lebenswerk dieses Mannes kann uns nur mit Staunen und Bewunderung erfüllen.

Friedrich von Hagenow wurde am 19. Januar 1797 als Sohn des 1802 geadelten Rittergutsbesitzers Friedrich Christoph Karl Hagenow und seiner Ehefrau Marie Elisabeth Christiane, Tochter des Gutsbesitzers Ments zu Nielitz, in Langenfelde bei Grimmen geboren. Die Erziehung des Knaben lag weitgehend in Händen des schwedischen Hauslehrers Dr. Gustav Salomon Tillberg, der aus dem vorpommerschen Gutshaus zur Universität überwechselte und 1813 den Ruf zum ordentlichen Professor für Mathematik und Physik erhielt. Tillberg war es auch, der in dem jungen, begabten Friedrich die Liebe für Naturwissenschaft und Technik weckte, ihn so weit förderte, daß er bereits als Zwölfjähriger in den Hörsälen der Greifswalder Alma mater sitzen konnte, um aufmerksam Vorlesungen über angewandte Mathematik und Mechanik zu folgen. An ein Beschreiten der wissenschaftlichen Laufbahn war vorerst freilich nicht zu denken. Der Vater sah ihn für den Beruf des Landwirts vor. Als er 1812 starb, schien alles entschieden. Friedrich von Hagenow sollte entweder das väterliche Rittergut Langenfelde oder gegebenenfalls das mütterliche Tertialgut Nielitz bei Grimmen übernehmen. Darauf hatte er sich vorzubereiten, erlernte von 1812 bis 1815 als Adjunkt in der Justizstelle Dargun Verwaltungsaufgaben, ging als Volontär zu Verwandten nach Schoritz und pachtete 1818 das Gut Poggenhof an der Westküste Rügens. Während seiner Militärzeit in Berlin (1817/18) betrieb er an der Friedrich-Wilhelm-Universität nebenher Studien der Landwirtschaft und Tierarzneikunde und hörte Vorlesungen des berühmten Gelehrten Albrecht Daniel Thaer. Im Jahre 1819 verheiratete er sich mit der Ahrenshagener Pfarrerstochter Elisabeth Karoline Hennings, die fünf Kindern das Leben schenkte. Die Ausübung der praktischen Landwirtschaft befriedigte Hagenow indessen nicht. Er gab 1823 das Pachtgut Poggenhof auf und siedelte mit seiner Familie nach Loitz bei Demmin über. Hier konnte er sich nun vollauf wissenschaftlichen Problemen widmen, konnte das Ergebnis vielfältiger Untersuchungen publizieren.

Hagenow wurde gleich nach Gründung der Gesellschaft für Pommersche Geschichte und Altertumskunde als deren Mitglied aufgenommen, stiftete 1826 zusammen mit Johann Gottfried Ludwig Kosegarten und Karl Schildener die Rügisch-Vorpommersche Abteilung der Gesellschaft, berichtete in der Zeitschrift „Baltische Studien“ über Ausgrabungen auf heimischem Territorium und beschrieb sachkundig besondere Funde. Ab und an legte er Federkiel und Zeichenstift beiseite, griff zum technischen Werkzeug und leistete dabei Beachtliches. Es ist gewiß ungewöhnlich, daß er für die Greifswalder Universität optische und physikalische Präzisionsgeräte konstruierte, ungewöhnlich auch, daß er ein Verfahren entwickelte, nach dem sich Stahl ohne Verlust seiner Härte mit anderen Metallen verbinden ließ.

Im Jahre 1832 ging Friedrich von Hagenow von Loitz nach Greifswald und errichtete vor den Mauern der Ryckstadt die erwähnte Schlämmkreidefabrik, deren Maschinen er selber herstellte. Von 1835 bis 1838 hielt er an der Landwirtschaftlichen Akademie Eldena stark besuchte Vorlesungen über angewandte Mathematik und übernahm 1843 als *Regierungskondukteur* staatliche Aufsichtsfunktionen. In Greifswald wandte er sich mit Vehemenz geologischen Studien zu. Dabei galt seine große Liebe der fossilen Lebewelt, die er hauptsächlich in der Kreide vorfand. Man sah ihn als Sammler der Stücke sowohl in den Kreidebrüchen Rügens als auch auf der dänischen Insel Møn und anderswo. Beste Gelegenheit zur Vervollständigung des Materials bot ihm die Verarbeitung des Rohstoffs, und zwar aus Rückständen der Kreideschlämmerei. In den ersten sieben Jahren des Bestehens seines Betriebes konnte er über hunderttausend Exemplare gewinnen und entdeckte zahlreiche bis dahin unbekannte Arten von Einzellern, Seeigeln, Muscheln usw. Zum Zeichnen der Fossilien unter dem Mikroskop machte er die aufsehenerregende Erfindung des *Dikatopters*, eines Instruments zum Nachzeichnen von Naturkörpern, für die ihm die Fachleute außerordentlichen Beifall zollten – im Ausland offensichtlich mehr noch als hierzulande. Mit seiner Monographie „Kreideversteinerungen Neuvorpommerns und Rügens“, die von 1839 bis 1842 in drei Teilen erschien, lenkte er allenthalben die Aufmerksamkeit auf sich. In der Geschichte der Kreidegewinnung nimmt Hagenow ohnehin einen gewichtigen Platz ein. Als in der ersten Hälfte des 19. Jahrhunderts profitgierige Geschäftsleute in Erscheinung traten, die meinten, auf Rügen rasch *einen Kreideberg in einen Goldberg* verwandeln zu können, bemühte er sich, den unlauteren Methoden der Spekulanten entgegenzuwirken und die Schlämmkreideproduktion vernünftig in richtige Bahnen zu lenken. Diesen Absichten sollte auch das von ihm begründete „Vereins-Comtoire für Schlämmkreidefabrikate“ dienen. Doch seine Bestrebungen, die Herstellung zu steuern, rügensche Ländereien im Interesse des Vereins zu pachten, blieben damals erfolglos. Verbittert stellt er in einem im Stralsunder Stadtarchiv überlieferten Schreiben vom 28. August 1849 fest: *Dem Zweck, welchen wir bei Pachtung des Ufers Mukran verfolgten – die Ausschließung von Concurrenten und anderen Kreidefabrikanlagen ist jetzt, nachdem 10 solche Fabriken dessen ungeachtet auf Rügen anderweitig ins Leben getreten sind, gänzlich verfehlt, und wir sind dadurch gezwungen, alljährlich eine Pachtsumme von 200 Talern zu zahlen, wofür wir in keiner Weise den allergeringsten Nutzen genießen.*

Nach dem Tod der Mutter erbte er im Jahre 1845 das Gut Nielitz, und durch den Verkauf seiner Schlämmkreidefabrik (1850) gelangte er zu einem ansehnlichen Vermögen, das ihm fortan eine unbeschwerte Forschungstätigkeit ermöglichte. Seine Sammlungen von Zeugnissen der Geologie und Paläontologie, die er in Vorpommern und weit darüber hinaus selber zusammentrug, als Geschenk erhielt oder käuflich erwarb, hatten legendären Ruhm. Hagenow sammelte ferner Wappen und Siegel, entwickelte die Kunst, alte, beschädigte Siegel wieder herzustellen, damit Stempel zu formen und schrieb sogar ein Lehrbuch der „Sigilloplastik“, wie er es nannte. Es blieb leider ungedruckt. In seinem Nachlaß befanden sich außerdem etwa 400 zumeist von ihm ausgestopfte Vögel.

Die Ergebnisse seiner rastlosen Forschungen erschienen in zahlreichen wissenschaftlichen Zeitschriften, und er verschmähte es nicht, sie auch in Tageszeitungen zu veröffentlichen. Ausgedehnte Reisen zum Studium der erdgeschichtlichen Verhältnisse führten ihn nach Schweden, Dänemark, Belgien, Frankreich, in die Niederlande, nach Österreich und Süddeutschland – so lange, bis er sich – inzwischen schwer erkrankt – in seine Greifswalder Studierstube zurückziehen mußte.

Friedrich von Hagenow wurden noch zu seinen Lebzeiten mannigfache Ehrungen zuteil. Die Greifswalder Universität promovierte ihn schon 1830 zu ihrem Ehrendoktor. Vierzehn gelehrte Gesellschaften nahmen ihn als Mitglied auf, darunter ausländische, wie von London, Kopenhagen, Paris und Nordamerika. Monarchen verliehen ihm hohe Auszeichnungen. Die Gesellschaft für Pommersche Geschichte und Altertumskunde ernannte ihn zu ihrem Ehrenmitglied. Mit bedeutenden Wissenschaftlern des 19. Jahrhunderts, so mit Alexander von Humboldt, stand er in regem Gedankenaustausch.

Seit 1857 litt er an einer bedrückenden Augenentzündung, die seine Sehkraft erheblich einschränkte. Die letzten Arbeiten diktierte er bereits völlig erblindet. Der große Gelehrte Vorpommerns starb in Greifswald am 18. Oktober 1865.

Berlekamp, H.: Aus der Arbeit Friedrich von Hagenows. In: Greifswald-Stralsunder Jahrbuch. Bd. 1, 1961. S. 9–19

Ewe, H.: Friedrich von Hagenow. Ein vielseitiger Gelehrter. In: Ostsee-Zeitung, Jg. 1992, Nr. 10

Müller, S.: Friedrich von Hagenow. Zu seinem 200. Geburtstag. In: Rugia Journal, Jg. 1997, S. 43–47

Beckmanu, H.: Friedrich von Hagenow und sein Wirken für die Ur- und Frühgeschichtsforschung. In: Tradition und Fortschritt in Greifswald, 1997, S. 33–55

Ernst von Haselberg

Ernst von Haselberg

1827–1905

Wer sich wie auch immer mit Vorpommerns Kirchen, Klöstern, Rathäusern, Stadtmauern, Toren und historischen Wohngebäuden beschäftigt, ist gut beraten, zwei Titel einer älteren Standardliteratur nicht zu übersehen. Gemeint sind die „Baudenkmäler des Regierungsbezirks Stralsund" (1881–1902) und die „Bau- und Kunstdenkmäler des Regierungsbezirks Stettin" (1898–1914). Dahinter verbirgt sich eine erstaunliche Arbeitsleistung, und die vollbrachten zwei Männer. Der eine, Ernst von Haselberg, wurde in Stralsund, der andere, Hugo Lemcke, in Pasewalk geboren.

Die Entstehung dieses für das 19. Jahrhundert nachgerade epochalen Werkes geht auf die Gesellschaft für Pommersche Geschichte und Altertumskunde zurück. Sie übernahm es im Jahre 1875, ein Verzeichnis aller Baudenkmäler der Provinz anfertigen zu lassen und beauftragte mit der Bearbeitung des westlichen Bereichs Ernst von Haselberg. Die Entscheidung war in jeder Hinsicht glücklich. Man hätte für dieses umfangreiche, zeitaufwendige und schwierige Anliegen keinen geeigneteren Autor gewinnen können.

Wer war dieser Mann? Er entstammt einem alten vorpommerschen Geschlecht, zu dem unter anderem Professoren der Greifswalder Universität gehörten, und erblickte am 30. Oktober 1827 als Sohn des Regierungs- und Medizinalrates Ernst von Haselberg in der Sundstadt das Licht der Welt. Hier besuchte er das Gymnasium und studierte danach an der Bauakademie zu Berlin mit bestem Erfolg das *höhere Baufach*. Im Jahre 1856 schloß er sein Studium mit einem glänzenden Examen ab. Auf Exkursionen hatte der junge Haselberg immer wieder zum Stift gegriffen und all das, was ihn beeindruckte, in Zeichnungen festgehalten, so Bauwerke von Wernigerode und anderswo. Seine besondere Liebe galt indessen von Anfang an der Architektur der heimatlichen Region. Schon als Student wanderte er durch Vorpommerns Städte und Dörfer, fertigte Grundrisse und Ausmaße von historischen Gebäuden an, brachte Details von Gewölben, Pfeilern, Kapitälen, Fenstern, Portalen, auch von Ausstattungsstücken der Stadt- und Dorfkirchen, auf Karton und zu Papier und sah außerdem Urkunden und Chroniken ein. Er tat dies seinerzeit übrigens ohne Aussicht auf jegliches Entgelt oder eine spätere Veröffentlichung. Bei seinen Arbeiten kam ihm gewiß sein hervorragendes Zeichentalent sehr zustatten. In dem im Stadtarchiv Stralsund verwahrten Nachlaß befinden sich Blätter von Landschaftsstudien der Jahre 1847 bis 1849, die mit der Wiedergabe von Bäumen des Putbusser Parks etwa, von alten Bauernhäusern und anderem in ihrer Qualität durchaus Ausstellungsreife beanspruchen können.

Kurzum: als an ihn der Ruf zur Herstellung des „Inventars" erging, verfügte er bereits über eine solide Materialgrundlage. Auf diese Weise war es möglich, daß das erste, 62 Seiten umfassende Heft der Baudenkmale des ehemaligen Kreises Franzburg, in dem neben den Städten Barth, Damgarten, Franzburg und Richtenberg 27 Dörfer behandelt werden, schon 1881 im Druck herauskommen konnte. 1885 erschien das Heft des Kreises Greifswald, 1888 Kreis Grimmen, 1897 Kreis Rügen und 1902 Stadtkreis Stralsund. Wer den Band der fünf Teile mit insgesamt 558 Seiten aufschlägt, kann sich mit Recht fragen, wie ein einzelner dies zu bewältigen vermochte. Ernst von Haselberg erledigte diese Arbeiten sozusagen nebenher, neben seiner Tätigkeit als Stralsunder Stadtbaumeister, *fast ausschließlich auf sich allein angewiesen*, wie es der Vorstand der Gesellschaft für Pommersche Geschichte und Altertumskunde im Vorwort des ersten Heftes bekundete.

Die Tätigkeit als Stadtbaumeister nahm ihn ohnehin über Gebühr in Anspruch, dies um so mehr, als er über keinen großen Mitarbeiterkreis verfügte. In seinem Amt sind damals außer ihm – unvorstellbar für gegenwärtige Verhältnisse – lediglich zwei technische Kräfte beschäftigt gewesen. Haselberg war dabei alles in einer Person, war Fachmann für Hoch- und Tiefbau, für Hafen-, Wasser- und Ingenieurbau.

Seine Verdienste um Stralsund stehen völlig außer Zweifel. Er begann die Arbeit als Stadtbaumeister 1857 und beendete sie nach 42 Jahren 1899. Es fällt schwer, seine Leistungen, die von anderen vorpommerschen Kommunen beachtet, bewundert und als beispielhaft bezeichnet wurden, im einzelnen zu benennen. Wenn man sich die damalige Stadtsituation vergegenwärtigt, ist festzustellen, daß es seinerzeit nicht einmal Ansätze einer Kanalisation gab. Die Trinkwasserversorgung lag völlig im argen. Stralsunds Bewohner waren jahrhundertelang auf den Gebrauch des Wassers aus dem Knieperteich angewiesen. Die Auswirkung des durch Abwasser und Unrat verschmutzten und verseuchten Teichwassers war katastrophal. Fast unglaublich will es erscheinen, daß die Stadtväter noch im 19. Jahrhundert dies Übel offensichtlich tatenlos hinnahmen, auch dann, als jährlich mindestens tausend Typhusfälle (bei rund 18 000 Einwohnern) registriert wurden, und Stralsund unter den deutschen Städten als *Typhusnest* bezeichnet eine mehr als unrühmliche Bedeutung erlangte. Ernst von Haselberg erkannte klar die Sachlage und reichte wiederholt, wie es das städtische Quellengut bestätigt, Eingaben zur Beseitigung dieser Kalamität ein. Der *Wohlgeborene und Hochweise Rath* lehnte jedoch seine Vorschläge rigoros ab, nicht nur mit Hinweis auf die hohen Kosten, sondern auch darauf, daß es ja seit eh und je nicht anders in der Stadt zum Sunde gewesen sei. Der Stadtbaumeister ließ sich keinesfalls beirren, kämpfte zäh und verbissen um die Verwirklichung seiner Absichten, kämpfte gegen Unverstand, Engstirnigkeit und Borniertheit der Behörden, so lange, bis schließlich das von ihm projektierte, im Süden Stralsunds gelegene, Wasserwerk Lüssow 1894 den Betrieb aufnahm, das mit gesundem Wasser den Durst der Stadt ausreichend zu stillen vermochte. In jenem Jahr erlosch schlagartig die Epidemie, der *morbus sundensis* (Stralsundische Krankheit), wie man den Typhus in Deutschland auch genannt haben soll. Ähnlich lagen die Verhältnisse auf dem Gebiet der Kanalisation. Haselberg bemühte sich redlich, dabei neue Entwicklungen in Deutschland und anderwärts zu beachten, unternahm Studienreisen, die ihn bis nach England führten, um die dortigen Kanalisationsanlagen kennenzulernen. Mit den gewonnenen Erkenntnissen ging er hier ans Werk, und als es vollendet war, rühmte man es wegen seiner *Vorbildlich- und Gründlichkeit* überschwenglich. Hygienische Probleme lagen dem Stadtbaumeister offenbar besonders am Herzen. Trinkwasserversorgung der Einwohner und Kanalisation der Stadt waren das eine, die sachgemäße Betreuung von Kranken das andere. Nach seinen Plänen entstand von 1862 bis 1866 das städtische Krankenhaus, das heutige Ärztehaus, am Frankenwall, das lange als ein modernes Hospital galt.

Auf das Habenkonto von Haselbergs Leistungen sind weitere Positionen vorteilhaft zu verbuchen. Er war es, der den Stralsunder Hafen erweitern und die wichtige Nordmole errichten ließ, für die Pflasterung der Straßen und die Herstellung der Bürgersteige mit den von weither herangeschafften großen Granitplatten sorgte. Unter seiner Leitung wurden Pläne zur Gestaltung der Wallanlagen verwirklicht und der Grundstein zur eindrucksvollen Sundpromenade gelegt.

Ernst von Haselberg war überdies ein geschickter Architekt. Bei Neubauten, die von ihm projektiert worden sind, ging es ihm stets darum, das Gesamtbild der Stadt möglichst zu wahren, und damit lieferte er zugleich ein nachahmenswertes Beispiel für andere Städte Vorpommerns. Ob es Schulgebäude wie vor der Marienkirche und an der Tribseer Straße, das Beginenhaus am Knieperwall oder mehrere Stiftungsbauten sind, sie ordneten sich samt und sonders harmonisch in das kulturhistorisch bedeutende Stadtgefüge ein. Im 18. Jahrhundert hatte man die Marktseite des Stralsunder Rathauses stilwidrig mit einer Kalkschicht überdeckt. Haselberg ließ sie 1882 entfernen und die prunkvolle Schauwand in altem Glanz erstrahlen.

Neben seiner aufreibenden Arbeit als Stadtbaumeister fand er immerhin noch Zeit, sich schriftstellerisch zu betätigen. Er äußerte sich mit Abhandlungen und Aufsätzen u. a. im „Zentralblatt der Bauverwaltung", in „Denkmalpflege" und in den „Monatsblättern" der Gesellschaft für Pommersche Geschichte und Altertumskunde, die ihn zu ihrem Ehrenmitglied ernannte. Von seinen vielseitigen Fähigkeiten kündet dies und das, wie eine im Nachlaß entdeckte Studie zum sogenannten „Magischen Sechseck", die in einem Beitrag der Zeitschrift „Wissenschaft und Forschung" 1990 veröffentlicht worden ist. Seine besondere wissenschaftliche Leistung blieb indess die Bearbeitung und Publikation der „Baudenkmäler des Regierungsbezirks Stralsund". Gewiß, die Darstellungen sind nun – nach hundert Jahren – in Einzelfällen überholt. Neue Forschungen, so auf Rügen, vermochten dieses und jenes zu korrigieren und zu ergänzen. Dennoch: allein für den neuen Großkreis Nordvorpommern wird man vorläufig nicht auf das *Haselbergsche Inventar* verzichten können.

Zeitgenossen würdigten Haselberg als einen Mann, der es nicht liebte, sich vorzudrängen, rühmten nicht nur seine großen Fachkenntnisse, seine überragende Arbeitskraft, das Verantwortungs- und Pflichtbewußtsein, sondern auch die wohlwollende Gerechtigkeit gegenüber seinen Untergebenen.

Er starb am 1. September 1905. Die Stadt hatte Gründe genug, ihm im Nachwort Dank zu sagen für seine Initiative und Arbeit, für die bedeutende Förderung aller Gebiete der Baukunst und Technik. Der Provinzialkonservator hob hervor, daß der Baumeister von Jugend an seine Liebe den Denkmalen zugewandt, zum Gegenstand eingehendster Studien gemacht habe und fand die schönen Worte: *Ernst von Haselberg hielt mit großer Sorgfalt und Aufmerksamkeit in seinem Bezirke Denkmalwache, und mehr als ein Denkmal in Neuvorpommern verdankt ihm seine sachgemäße Erhaltung und Wiederherstellung.*

Struck, J. L.: Ernst von Haselberg, Stadtbaumeister in Stralsund. Stralsund 1928

ders.: Ernst von Haselberg. Zum 100. Geburtstag am 30. Oktober 1927. In: Monatsblätter der Gesellschaft für Pommersche Geschichte und Altertumskunde. Jg. 32, 1928:, S. 2–7

Bauch, H. F.: Zum magischen Sechseck von Ernst von Haselberg. In: Wissenschaft und Fortschritt. Jg. 40, 1990, S. 240–242

Ewe, H.: Baudirektor Ernst von Haselberg. In: Ostsee-Zeitung 1992, Nr. 279

Hacker, H. J.: Stralsund – so wie es war. Düsseldorf 1992, S. 37 f.

Hellmuth Heyden

Hellmuth Heyden

1893–1972

Er erblickte am 18. Januar 1893 in Greifswald das Licht der Welt. Sein Vater, ein Gendarmeriewachtmeister, wurde von der Ryckstadt nach Altdam bei Stettin versetzt. Dort verlebte der Junge seine Kindheit, besuchte die höhere Privatknabenschule, wechselte 1905 an das Marienstiftsgymnasium von Stettin über und beendete 1911 die Schulzeit mit dem Abitur. An der bekannten Lehranstalt war der bedeutende pommersche Historiker Martin Wehrmann sein Lehrer. Ihm verdankt er ganz gewiß Anregungen, mehr noch: die Liebe zur Landes- und Landeskirchengeschichte, die ihn jahrzehntelang gleichsam in Atem halten sollte.

Hellmuth Heyden entschied sich für das Studium der Theologie. Die Universitäten Greifswald, Tübingen, Halle und wieder Greifswald waren von 1911 bis 1915 Stationen seiner akademischen Ausbildung. Im Jahre 1915 legte er das erste, 1917 das zweite theologische Examen ab. Während des Ersten Weltkriegs tat er als Lazaretthilfsseelsorger in Stettin und Neustettin Dienst. Am 27. Januar 1918 wurde er von Generalsuperintendent Büchsel in der Schloßkirche zu Stettin ordiniert und danach zum Pfarrer an der Bugenhagenkirche gewählt, dessen Bauwerk die Kriegszerstörungen unbeschadet überstand. Heyden machte in der Oderstadt bald von sich reden. Zeitgenossen rühmten den Prediger auf der Kanzel, wußten zu vermelden, daß er in Stettin niemals vor leeren Bänken zu predigen brauchte, daß seine Gottesdienste vielmehr oft bis zum letzten Platz der Kirche besetzt gewesen waren. Das überrascht nicht, denn er verstand es, die Menschen in einer klaren, allgemeinverständlichen, eindrucksvollen Sprache zu erreichen. Heydens Aufmerksamkeit galt zudem von Anfang an und in besonderer Weise der Jugend. Von dreihundert Konfirmanden wird berichtet, die er gleichzeitig um sich zu scharen vermochte. Überdies begründete er kirchliche Gruppierungen und Vereine und war als Redner in mannigfachen Veranstaltungen sehr geschätzt. Seine Vorträge fanden allenthalben regen Zuspruch, auch in der Gesellschaft für Pommersche Geschichte und Altertumskunde, der er als Mitglied angehörte. Schon während seiner aufopferungsvollen Gemeindetätigkeit begann er zu schreiben, verfaßte die ersten Monographien und veröffentlichte zahlreiche Beiträge in verschiedenen Zeitschriften. Es erschienen Arbeiten zur Reformation, das Buch „Die Kirchen Stettins und ihre Geschichte" (1936), die zweibändige „Kirchengeschichte von Pommern" (1937 und 1938), (zweite umgearbeitete Auflage 1957). Im Jahre 1939 begann er die Edition pommerscher Kirchenmatrikel des 16. Jahrhunderts. Dazu war ein intensives Quellenstudium vonnöten. Kein Wunder, daß man ihn als ständigen Benutzer des ehemaligen Preußischen Staatsarchivs, des heutigen Wojewodschaftsarchivs, über den handschriftlich überlieferten Aufzeichnungen sah.

Doch auch dies gilt es kritisch anzumerken: nach 1933 bejahte Heyden – wie übrigens auch andere Theologen – Ziele des Nationalsozialismus, trat indes, als die Machthaber des sogenannten Dritten Reiches einen offenen Kirchenkampf zu führen begannen, in Distanz zu dem *braunen* System.

Im Jahre 1943 erhielt er den Auftrag, die wegen der Bombengefahr aus Stettin evakuierten Konfirmanden in Grimmen, Tribsees, Demmin und Altentreptow kirchlich zu betreuen, kehrte aber gleich nach Kriegsende zu seiner Stettiner Gemeinde zurück, veranstaltete mit den Verbliebenen Gottesdienste und wurde, wie es verlautet, vom russischen Kommandanten sogar zum Superintendenten der Stadt bestimmt.

Heyden blieb das harte Los unzähliger Deutscher nicht erspart.

Er zählte zu den Vertriebenen und flüchtete im Spätsommer 1945 zu seiner Familie nach Grimmen.

1921 hatte er Elisabeth Matz, die Tochter eines Reichsbahnobersekretärs, geheiratet, die ihm in guten und schlechten Tagen treu zur Seite stand, seine Arbeiten verständnisvoll förderte und ihn überlebte. Von zwei Kindern in der Ehe wählte die Tochter den Beruf einer Ärztin, der Sohn den des Pfarrers.

Hellmuth Heyden übernahm zunächst das Pfarramt von Richtenberg und wurde 1949 zum Superintendenten des Kirchenkreises Franzburg berufen. Zwölf Jahre lang versah er mit viel Geschick diese unter den Bedingungen der DDR wahrlich nicht leichte Aufgabe und setzte dabei zugleich seine unterbrochenen Forschungen fort. Er konnte damals bereits auf ein äußerst umfangreiches literarisches Werk blicken. So war es durchaus rechtens, daß ihm 1953 die Theologische Fakultät der Ernst-Moritz-Arndt-Universität Greifswald die Ehrendoktorwürde verlieh. In der Promotionsurkunde ist zu lesen: *„Dem unermüdlichen Erforscher der Kirchengeschichte seiner Heimat, dem charaktervollen Vertreter wissenschaftlicher Arbeit in der evangelischen Pfarrerschaft, dem erfolgreichen Verfasser gemeinverständlicher Aufsätze zur Kirchengeschichte"*. Ein Jahr später erhielt er an der Greifswalder Alma mater einen Lehrauftrag für pommersche Kirchengeschichte.

Seit 1960 verbrachte Heyden Jahre des Ruhestandes in Stralsund. Doch von einer Ruhe konnte überhaupt keine Rede sein. Wer ihn persönlich kannte und schätzte, weiß um den Arbeitsstil dieses Mannes, der morgens gegen vier Uhr am Schreibtisch saß und bis acht Uhr seine beste *Produktivphase* hatte. Am Tage sah er oft genug im Stralsunder Stadtarchiv Urkunden, Testamente, Chroniken Akten ein, und dies bedeutet, daß er seine Veröffentlichungen keinesfalls lediglich aus dem Ärmel schüttelte. Die zu Recht viel beachteten Bücher „Die Kirchen Stralsunds und ihre Geschichte“ (1961) sowie „Die Kirchen Greifswalds und ihre Geschichte“ (1965) sind u. a. das Ergebnis seiner rastlosen Forschungen. Dazu kamen die Herausgabe der 752 Druckseiten umfassenden „Protokolle der pommerschen Kirchenvisitationen 1535–1555“ und die Fortführung der Edition „Die evangelischen Geistlichen des ehemaligen Regierungsbezirks Stralsund“ (1959–1972). Die Kirchengeschichte war verständlicherweise vorab sein literarisches Feld. Daneben aber interessierte ihn anderes, und er schrieb darüber. Die Skala der historischen und kulturhistorischen Themen zeigt dabei eine erstaunliche Bandbreite. Zur Geschichte der Greifswalder Universität, zum Croyteppich, auch zu den Studenten, über Demagogenverfolgung, zu den Anfängen des Buchdrucks in Pommern, über Landschullehrerseminare, über Reise und Erholung in alter Zeit, über Volksfeste wie das Maireiten, sogar über Theaterskandale in Pasewalk hatte er dies und das mitzuteilen. Zum Aufkommen epidemischer Krankheiten wie Pest, Englischer Schweiß und Cholera wußte er aufgrund intensiven Quellenstudiums sich sachkundig zu äußern. Wer sich mit Orts-, Flur-, Straßen- und Personennamen beschäftigt, darf dazu unbeschadet Heydens Artikel einsehen. Das trifft ebenso zu für den, der sich über Begräbnisgewohnheiten und Totenfeiern, über Sitten und Gebräuche bei Hochzeiten unterrichten will. Er verfaßte Aufsätze über Schulmeister und Organisten, über Dichter und Philosophen. In der evangelischen Wochenschrift „Die Kirche“ erschienen aus seiner Feder von 1950 bis 1971 nicht weniger als 213 Beiträge. Er veröffentlichte ferner Arbeiten u. a. in den „Baltischen Studien“, den „Monatsblättern“ der Gesellschaft für Pommersche Geschichte und im „Greifswald-Stralsunder Jahrbuch“, dort die Abhandlungen „Die Fürsorgearbeit und insbesondere das Hospitalwesen in Pommern bis zum 16. Jahrhundert“ (Bd. 3, 1963), „Zu Jürgen Wullenwevers Grafenfehde und ihren Auswirkungen auf Pommern“ (Bd. 6, 1966) und „Zum Schadegard-Problem“, ein wichtiger Beitrag durch den er ideenreich in die Diskussion zur Gründung Stralsunds eingriff. Auf die Geschichte der vorpommerschen Städte richtete er ohnehin sein besonderes Augenmerk. Es durfte kaum ein städtisches Gemeinwesen geben, das er in Aufsätzen unberücksichtigt ließ.

Gar nicht so selten tritt einem in seinen Arbeiten ein wohltuender Humor entgegen, der wohl auch die Haltung des begnadeten Seelsorgers und hervorragenden Heimatforschers kennzeichnet. Hellmuth Heyden schuf im ganzen ein Werk von bleibendem Wert. Er starb in Stralsund am 18. März 1972.

Ziegler, H.: Zu Hellmuth Heydens 70. Geburtstag. Eine Bibliographie. In: Baltische Studien, N. F. Bd. 50, 1964, S. 79–87

Ewe, H.: Ehrendoktor Hellmuth Heyden. In: Ostsee-Zeitung 1992, Nr. 297

Metz, B.: D. Hellmuth Heyden, dem Altmeister der pommerschen Kirchengeschichte zum 100. Geburtstag. In: Baltische Studien, N. F. Bd. 79, 1993, S. 96–103

Metz, B.: D. Hellmuth Heyden – Sein Leben und Wirken. In: Baltische Studien, N. F. Bd. 81, 1995, S. 94–105

Karl Lappe

Karl Lappe

1773–1843

Der am 24. August 1773 in Wusterhusen bei Greifswald geborene Pastorensohn lebte, dichtete, übersetzte und lehrte in Vorpommern, verließ das Territorium kaum. Er wurde nicht nur von seinen Landsleuten allenthalben geschätzt, sondern fand über die Landesgrenzen hinaus viel Beachtung.

Karl Lappe war noch nicht sieben Jahre alt, als der Vater starb. Den ersten Unterricht erhielt er von dem Wusterhusener Organisten, den zweiten im Hause des älteren Bruders. Von 1785 bis 1789 besuchte er die Stadtschule zu Wolgast, dessen damaliger Rektor Gotthard Ludwig Kosegarten die frühzeitigen poetischen Ambitionen des Schülers erkannte und sie förderte. Als Siebzehnjähriger begann Lappe an der Universität das Studium der Theologie, Philologie und Philosophie und teilte nach Abschluß der akademischen Ausbildung das Los vieler seinesgleichen. Er wurde Hauslehrer, arbeitete zunächst im *ausländischen* Mecklenburg, dort in der Erziehungsanstalt Reinhagen bei Güstrow, danach bei Familien in Neustrelitz und Sophienhof. 1798 folgte er dem Ruf seines Wolgaster Lehrers Kosegarten, der inzwischen die Pfarrstelle Altenkirchen auf Rügen übernommen hatte, und unterrichtete dessen Kinder. Die Altenkirchener Jahre (bis 1801) zählte Lappe zu den glücklichsten seines Lebens. Das hatte Gründe. In der wohltuenden Atmosphäre des nordrügenschen Pfarrhauses konnte mit dem bekannten Dichter stets ein reger Gedankenaustausch gepflegt, konnten neben theologischen auch künstlerische und wissenschaftliche Fragen erörtert werden. An Winterabenden trieb man Sprachstudien, übersetzte dabei Werke der englischen und nordeuropäischen Literatur. Karl Lappe beherrschte nicht nur die englische, sondern ebenso die schwedische und dänische Sprache und war bereits mit eigenen Gedichten an die Öffentlichkeit gelangt, so 1793 in dem Göttinger Musenalmanach, 1796 in Friedrich Schillers Almanach und in anderen Zeitschriften.

Im Jahre 1801 verließ Lappe Altenkirchen, ging nach Stralsund und wurde vom *Patronat einstimmig* als Lehrer des sundischen Gymnasiums gewählt. Die Gymnasiasten liebten und verehrten ihren Lehrer, der außerhalb des Unterrichts zur Feder griff und pädagogische Schriften im Druck herausbrachte. Das „Poetische Magazin für Gedächtnisübungen und Deklamationen in Schulen“ (1809) und das „Pommerbuch oder Vaterländisches Lesebuch für die Provinz Pommern“ gehören dazu. Nach siebzehnjähriger Tätigkeit mußte er zu seinem großen Bedauern aus gesundheitlichen Gründen und dem dringenden Rat der Ärzte das Lehramt aufgeben.

Karl Lappe erwarb 1818 in dem Stralsund benachbarten Dorf Pütte ein Grundstück mit kleinem Haus und ein wenig Acker. Der für ihn idealen Situation konnte er sich jedoch nicht lange erfreuen. 1824 ging zum Schrecken der Familie die *Hütte in Pütte*, wie er seinen Wohnsitz gerne nannte, durch böswillige Brandstiftung verursacht, in Flammen auf. Mit dem Erlös von Veröffentlichungen und der Hilfe von Freunden vermochte er noch im selben Jahr ein neues Haus erbauen zu lassen.

Die landschaftlich schöne Umgebung gewährte ihm nun Ruhe und Muße, bot für seine literarischen Arbeiten beste Voraussetzungen. Er schrieb Gedichte, verfaßte epische Skizzen, schuf Übersetzungen und betätigte sich überdies als Herausgeber. Die beachtliche Wochenschrift „Sundine“ zum Beispiel vermerkt in ihrem Impressum seinen Namen. Doch allgemein und weithin bekannt wurde er durch sein lyrisches Schaffen. Man hatte gute Gründe, ihn als den bedeutendsten Lyriker Pommerns zu bezeichnen. Lappes Werke wurden nicht nur in der Regierungsdruckerei zu Stralsund verlegt, sie erschienen auch in Verlagen von Düsseldorf, Leipzig, Nürnberg, Berlin, Rostock, Greifswald und Neustrelitz. Ludwig van Beethoven, Franz Schubert und Robert Schumann vertonten seine Verse.

In der Natur- und Landschaftsdichtung vollbrachte er die eindrucksvollsten poetischen Leistungen. Dabei war Lappe kein weltabgewandter Träumer. Er stand vielmehr mitten im Leben, äußerte sich in einer allgemein verständlichen Sprache, behandelte in zahlreichen Gedichten die vorpommersche Heimat im Wechsel der Tages- und Jahreszeiten, nahm besondere Naturerscheinungen wahr, beschrieb die Tier- und Pflanzenwelt seiner Umgebung und verstand es, die Landschaft auch in allen Farben darzustellen – mit dem Grün der Fluren, dem Blau des Himmels, dem Weiß des Strandes und dem Rot der Abendsonne.

Es ist gewiß ein besonderer Vorzug dieser Lyrik, daß der Dichter weder der Heimattümelei noch einem primitiven Lokalpatriotismus und plumpen nationalen Dünkel verfiel. Von solchen Erscheinungen blieb er erfreulicherweise weit entfernt. In guter, echter Heimatverbundenheit gelangen ihm glänzende Texte, wie die über Hiddensee und Rügen. Sein viel beachtetes und wiederholt zitiertes Hidden-Gedicht beginnt mit folgenden Worten:

Laß uns hinüber zu den Bergen gehn,
Dort zu den Bergen! Winkt doch jenes Land
So sehnesuchtswert zu uns hernieder. Sieh!
Wohin wir treten, liegt es wunderschön
In sanftem Nebel hoch vor unserm Blick.
Laß uns hinübergehen, um von dort
Auf unsre stille Flur hinabzusehen [...]
Wohin zuerst lenk' ich den langen Blick
Zu dir zuerst, du unermeßnes Meer [...]
In jedem Wechsel der Beleuchtung, wann
Der Abendstrahl, und wann das Morgenrot,
Und wann der Vollmond auf dich niederglimmt:
Zuerst zu dir!

Mit der Insel Rügen wußte sich Karl Lappe offensichtlich besonders innig verbunden. Über sie schrieb er nicht nur das immer noch lesenswerte Buch „Mitgabe nach Rügen. Den Reisenden zur Begleitung und Erinnerung" (1818), sondern besang Teile des Eilands in eindrucksvollen Versen, wie die Uferschlacht (Liete) des nordrügenschen Ortes Vitt, die unter anderem lauten:

Habt ihr die schöne Liethe gesehn?
Sie teilt den Staden wunderschön.
Der Doppeleingang zierlich und breit,
Der Pfad hinunter grün und weit,
Mit üppigem Rasen wohlgeschmückt,
Und fein mit weißen Blumen gestickt.

Am Fuß der ruhigen Uferschlucht
Liegt weit und breit die Meeresbucht.
Links strahlt wie Silber Arkonas Wand
Zur rechten Jasmunds blauer Strand.
Doch grad hinaus dem Auge beut
Sich heilig die Unendlichkeit ...

Hier klingt ein Wesenszug in der literarischen Arbeit des Verfassers an, und zwar seine enge Beziehung zum Meer. Die Vielgestalt des Wassers als Quelle, Bach, See, Fluß oder Meer hat er oftmals besungen. Mit seiner Schilderung der wechselnden Ansichten des Meeres gehört er zweifellos zu den ersten deutschen Poeten der Meeresdichtung. Die Gedichte „Rede der Wellen“, „Der Meeresstrand“, „Der Seemann“, „Der Winterstrand“ und „Inselheimat“ gehören in diesen thematischen Umkreis.

Lappes Leistungen fanden mannigfache Würdigung. Im Jahre 1818 wählte ihn die Berlinsche Gesellschaft für deutsche Sprache zum ordentlichen Mitglied. 1826 wurde er Mitglied der Gesellschaft der Dänenfreunde an der Donau. Ein Jahr später ernannte ihn die Gesellschaft für Pommersche Geschichte und Altertumskunde zu ihrem Ehrenmitglied. 1830 verlieh ihm die Universität Greifswald die Ehrendoktorwürde.

Nach 25jährigem Aufenthalt verließ er den Ort Pütte, wechselte mit seiner Familie nach Stralsund über, in ein Haus an der Heilgeiststraße, das im Bombenhagel des Zweiten Weltkriegs in Schutt und Asche sank. Karl Lappe erlag am 28. Oktober 1843 einer schweren Krankheit und wurde unter regem Anteil der Bewohner auf dem alten Frankenfriedhof der Sundstadt beigesetzt. Auf einem schlichten eisernen Grabkreuz standen die letzten Zeilen des von Beethoven vertonten Gedichtes „So oder So!“: *Schlaf oder Tod! Hell strahlt das Morgenroth!* Es ist sehr zu beklagen, daß die Grabstätte um 1960 bedenkenlos beseitigt wurde.

Der im 19. Jahrhundert von sämtlichen Bevölkerungsschichten, sowohl von den gebildeten Kreisen als von den einfachen Leuten, hoch geachtete Dichter geriet bald nach seinem Tod fast in Vergessenheit. Sehr zu Unrecht, gilt es festzustellen. Bemühungen, ihm nach der Wende vom 19. zum 20. Jahrhundert den Rang zuzuweisen, den er verdient, beschränkten sich lediglich – so will es jedenfalls scheinen – auf Studien der Fachwissenschaftler.

Erst gegen Ende des 20. Jahrhunderts wurde Karl Lappe sozusagen wieder entdeckt, wurden seine Texte erneut gelesen. Und in Konzertsälen erklangen hin und wieder Melodien seiner in Töne gesetzten Gedichte, wie das von Franz Schubert komponierte „Im Abendlicht“:

O wie schön ist deine Welt,
Vater, wenn sie golden strahlet!
Wenn dein Glanz herniederfällt
Und den Staub mit Schimmer malet:
Wenn das Rot, das in der Wolke blinkt,
In mein stilles Fenster sinkt!

Diesem Vorpommern sind lyrische Schöpfungen von bleibendem Wert zu verdanken, und er vermochte, die bewahrenswerte heimische

Landschaft sprachkünstlerisch eindrucksvoll zu schildern. Karl Lappe schuf im ganzen ein Werk, das auch für die Zukunft bedeutend sein dürfte.

Stelter, O.: Karl Lappes Leben und Dichten. Ein Beitrag zur Pommerschen Geistesgeschichte. Stettin 1926

Klötzer, W.: Ausgewählte Probleme zu den Literaturverhältnissen in Stralsund zur Zeit der Epochenwende um 1800. Darin: ausführliche Würdigung Karl Lappes (S. 79–109). Diss. (Maschinenschrift), Neubrandenburg 1990

Hartmann, H.: Karl Lappe. In: Schriften der Ernst-Moritz-Arndt-Gesellschaft, Bd. 6, 1997, S. 161–163

Müller-Waldeck, G. (Hrsg.): Pegasus am Ostseestrand [...] Literatur & Literaturgeschichte in Mecklenburg-Vorpommern. Rostock 1999. Darin: Karl Lappe u. a. S. 59–61

Hugo Lemcke

Hugo Lemcke

1835–1925

Man könnte ihn in einem Atemzug mit Ernst von Haselberg nennen. Beide sind mit einem Werk bekannt geblieben, auf das man in Vorpommern noch immer nicht verzichten kann. Gemeint sind die „Baudenkmäler" der Regierungsbezirke Stralsund und Stettin. Während der Stralsunder von Haselberg zeit seines Lebens ein ausgezeichneter Baumeister gewesen ist, war Hugo Lemcke zunächst ein begnadeter Schulmann.

Er wurde als Sohn eines Pasewalker Stärkefabrik-Eigentümers am 5. Dezember 1835 in der Ueckerstadt geboren. Der Vater siedelte fünfzehn Jahre später nach Stettin über und übernahm dort eine Malzmühle. Es war gewiß etwas Besonderes, daß Hugo inmitten einer Familie von vierzehn Kindern die höhere Schule besuchen konnte. Er kam auf das Marienstiftsgymnasium und wurde als vielseitig begabter Schüler von namhaften Pädagogen gefördert. Der als Dichter bekannte Ludwig Giesebrecht gehörte dazu. 1855 erlangte Lemcke an der traditionellen Anstalt das Zeugnis der Reife. Sein *sehnlichster Wunsch*, in Bonn Philologie zu studieren, ließ sich aus finanziellen Gründen nicht gleich verwirklichen. So ging er vorläufig zur Universität Leipzig, und zwar deshalb, weil ihm sein älterer Bruder dort das Studium ermöglichen konnte. Mit Hilfe von Stipendien gelang es ihm schließlich doch, an den Rhein zu ziehen, um an der Universität Bonn das Studium in den Fächern Geschichte, Germanistik und alte Sprachen fortzusetzen. Dort hörte er übrigens auch Vorlesungen seines Landsmannes Ernst Moritz Arndt. Die akademische Ausbildung beendete er in Greifswald und entschloß sich, ins Schulamt zu treten. Er begann seine pädagogische Laufbahn an einer Privatschule im hinterpommerschen Bütow, wo er die Pastorentochter Antonie Giese kennenlernte, die er später heiratete. Ab 1860 sah man ihn in Stettin an seiner früheren Ausbildungsstätte, am Marienstiftsgymnasium. Hilfslehrer, ordentlicher Lehrer, Oberlehrer waren die Stationen, bis er 1877 das Prädikat eines Professors erhielt. Nach 21 Jahren berief ihn 1881 der Magistrat zum Direktor des neuen Stettiner Stadtgymnasiums, in eine Aufgabe, die er 25 Jahre lang aufopferungsvoll wahrnahm. Der von den Schülern hochverehrte Professor vermochte es, sie für Geschichte und

Literatur zu begeistern, und er war bestrebt, über seine Lehrtätigkeit hinaus wissenschaftlich zu arbeiten. Aus seiner Feder stammen nicht nur Studien über mittelalterliche Dichter, zumeist in „Schulprogrammen" veröffentlicht, sondern auch profunde Beiträge zur Regionalgeschichte, Abhandlungen über Stettins Straßennamen und über die St. Johanniskirche der Stadt etwa oder das von ihm sorgfältig kommentierte und edierte älteste Schöffenbuch von Freienwalde.

Hugo Lemcke war durch sein mannigfaltiges Wirken in der Öffentlichkeit, durch Vorträge und Exkursionen, inzwischen ein stadt- und landesbekannter Mann. Deshalb nahm es nicht wunder, daß man ihn 1873 mit dem Ehrenamt eines Sekretärs der 1824 gegründeten Gesellschaft für Pommersche Geschichte und Altertumskunde betraute. Bis ins hohe Alter war er der Vorsitzende der Gesellschaft. Unter seiner tatkräftigen Leitung erfuhr sie eine erstaunliche Entwicklung. Die stark steigenden Mitgliederzahlen bestätigen es. Er sorgte für Veröffentlichungen in den „Baltischen Studien" und den „Monatsblättern" der Gesellschaft, veranstaltete regelmäßig Versammlungen und vermehrte die kulturhistorischen Sammlungen. Sein besonderes Augenmerk richtete er auf Fragen der Ur- und Frühgeschichte, bereitete Ausgrabungen vor und leitete sie. Und dann ging es ihm darum, die Gesellschaft über Pommerns Grenzen hinweg bekanntzumachen. Im Jahre 1886 würdigte man Lemckes erfolgreiche Tätigkeit eingehend auf dem Anthropologen-Kongreß in der deutschen Hauptstadt. 1890 ernannte ihn der „Verein für die Geschichte Berlins" zu seinem korrespondierenden Mitglied, und bei den Jahresversammlungen des „Gesamtvereins der deutschen Geschichts- und Altertumsvereine" zählte man ihn oft zu den Teilnehmern.

Wenn wir Hugo Lemcke in der Reihe bedeutender vorpommerscher Personen vorstellen, dann auch und nicht zuletzt wegen seiner hervorragenden Leistungen im Bereich der Denkmalpflege. Als man 1894 das Amt eines Provinzialkonservators einrichtete, lag es nahe, ihn dafür zu benennen. Die Erforschung der Bau- und Kunstdenkmale hatte ihm schon immer am Herzen gelegen. In der Stellung des Konservators kamen nun technische Obliegenheiten dazu. Er mußte sich um die Erhaltung, gegebenenfalls um die Restaurierung der Bauwerke bemühen. Probleme über Probleme galt es dabei zu lösen, Schwierigkeiten genug zu überwinden. Die gute Kenntnis der Region, sein vortreffliches Organisationstalent, auch sein pommerscher *Dickschädel* gaben die Gewähr, erstrebte Ziele oftmals hartnäckig zu erreichen.

Mit Elan ging er daran, das Werk Ernst von Haselbergs fortzuführen, zog wie der Stralsunder Stadtbaumeister mit Notizbuch, Meßlatte, Stift und Zeichenkarton in die Städte und Dörfer seines Territoriums, des

Regierungsbezirks Stettin, schritt Stadtmauerreste ab, vermaß Tore und Türme, kletterte in Kirchtürme, um die Inschriften der Glocken zu entziffern und so fort. Dann begann die Arbeit am Schreibtisch. Obgleich er im Gegensatz zu seinem Stralsunder Kollegen über Vorarbeiten anderer verfügte, mußte dennoch viel getan werden. Und Lemcke erwies sich auch hierbei als ein äußerst fleißiger Sachverständiger. Im Jahre 1898 erschien mit der Bearbeitung des Kreises Demmin das erste Heft. Zwei Jahre später lag bereits die Beschreibung der Kreise Anklam, Ueckermünde und Usedom-Wollin vor. 1901 folgte der Kreis Randow, und bis 1914 waren sämtliche zehn Kreise des ehemaligen Regierungsbezirks Stettin bearbeitet. Wer sich über die Baudenkmale vom südöstlichen Teil des heutigen Vorpommerns unterrichten will, muß zum Heft des Kreises Randow greifen. Darin sind die Städte Gartz an der Oder und Penkun sowie u. a. die Orte Book, Löcknitz und Luckow behandelt.

Lemcke nannte sein Inventar ausdrücklich „Bau- und Kunstdenkmäler" und wollte, wie er es im Vorwort des ersten Heftes bekundete, der Annahme widersprechen, daß in dem an Denkmälern so reichen Bezirk nichts vorhanden sei. Deshalb beschrieb er mehr noch als Ernst von Haselberg Kunstgegenstände und bildete sie ab. Man kann sein „Inventar" getrost als einen Text-Bildband bezeichnen. Er stattete es mit Städteansichten aus der Randleiste von Eilhard Lubins großer Pommernkarte des Jahres 1618 aus, berücksichtigte Kupferstiche aus Merians „Topographie" von der Mitte des 17. Jahrhunderts, verwandte Lithographien des 19. Jahrhunderts und illustrierte seine Beschreibung ferner durch zahlreiche Federzeichnungen und Fotographien. In den ersten beiden Heften begegnen einem zusammen immerhin annähernd 300 Abbildungen.

In der Einleitung, die er allen Heften voranstellte, formulierte er knappe historische Übersichten über die Territorien, schilderte in Umrissen die einzelnen Bautypen – die Stadt- und Dorfkirchen, Rathäuser, Schloßbauten, Wehranlagen, bedeutende Bürgerhäuser sowie die künstlerische Ausstattung der Gotteshäuser. Daß ihm bei seinen Darstellungen freilich hin und wieder Irrtümer unterliefen, dieses und jenes zu korrigieren war, ist allein bei dem immensen Umfang der Arbeiten durchaus verständlich.

Als der mit der Würde eines Ehrendoktors der Universität ausgezeichnete Hugo Lemcke am 8. August 1925 seine Augen für immer schloß, rühmte der Vorstand der „Gesellschaft für Pommersche Geschichte und Altertumskunde" sein beispielhaftes Wirken in der Vereinigung, der er über 60 Jahre als Mitglied angehört und 50 Jahre als Vorsitzender *wahrhaft einzigartig* geleitet hat und hob seine überragenden Verdienste um das

Land auf den verschiedenen Gebieten hervor. Mit seinem Inventar der „Bau- und Kunstdenkmäler des Regierungsbezirks Stettin" hinterließ er ein Werk, das noch lange Bestand haben durfte.

Wehrmann. M.: Hugo Lemcke. In: Pommersche Lebensbilder. Bd. 1, 1934, S. 266–274

Zunker, E.: Zum Gedenken an Hugo Lemcke. In: Zs. Pommern, Jg. 24, Heft 2, 1986, S. 12–15

Ewe, H.: Der Denkmalpfleger Hugo Lemcke. In: Ostsee-Zeitung 1992 Nr. 285

Otto Lilienthal

Otto Lilienthal

1848–1896

Das Flugzeug ist als schnelles Verkehrsmittel längst eine Selbstverständlichkeit. Tagtäglich steigen in aller Welt Maschinen auf und befördern die Menschen von Stadt zu Stadt, von Land zu Land, von Kontinent zu Kontinent. In größeren Flugzeugen finden sie zu Hunderten Platz, und Jahresstatistiken einzelner Flughäfen weisen sie millionenfach aus. Wenn man angesichts dieser immer noch nicht abgeschlossenen technischen Entwicklung an die mühevollen Anfänge des Flugwesens erinnert und nach Pionieren der Luftfahrt fragt, ist sogleich an einen Vorpommer zu denken, an den am 23. Mai 1848 in Anklam geborenen Otto Lilienthal. Den Ruhm, als erster Mensch von der Erde abgehoben und im Gleitflug eine Weite von mehr als 250 Metern zurückgelegt zu haben, wird ihm niemand streitig machen können.

Otto entstammt einer Tuchhändlerfamilie. Der Vater, Karl Friedrich Gustav Lilienthal, betrieb in der Peenestadt ein Konfektionsgeschäft. Da er an den revolutionären Vorgängen der Jahre 1848/1849 lebhaft teilgenommen, in Anklam gar den seinerzeit fortschrittlichen *Constitutionellen Club* begründet hatte, blieben nach dem Scheitern der demokratischen Bestrebungen, durch die er wie andere eine Veränderung der bisherigen Verhältnisse erhoffte, negative Folgen für ihn nicht aus. Der Kaufmann verlor seine zahlungsfähigen Kunden und mußte wohl oder übel den Konkurs der Handlung anmelden. Weil sich ihm in Vorpommern offenbar keine ausreichenden Erwerbsmöglichkeiten boten, entschloß er sich 1861, nach Amerika überzusiedeln. Inmitten der Vorbereitung zu seiner Auswanderung ereilte ihn im Alter von 43 Jahren der Tod. Sein ältester Sohn Otto war damals 13 Jahre alt.

Die Erziehung von acht Kindern, von denen fünf in frühester Jugend starben, lag hauptsächlich in Händen der Mutter Caroline Lilienthal, Tochter des Stettiner Regimentsarztes Pohle. Sie hatte in Berlin und Dresden Gesang studiert und bestritt nun den bescheidenen Lebensunterhalt als Putzmacherin, mit Gesangunterricht, Zimmervermietung und vermochte immerhin, Otto und dessen jüngerem Bruder Gustav das Anklamer Gymnasium besuchen zu lassen. Beide waren dort, wie es hieß, nur mittelmäßige Schüler. Ihnen lagen die sprachwissenschaftlichen

Fächer nicht. Im Zeichnen hingegen erhielt Otto nur gute Noten. Von dem künstlerisch begabten Jungen wird berichtet, daß er im Alter von 14 Jahren sogar seinen eigenen Kopf zu modellieren verstand. Eine Ausbildung zum Bildhauer hätte nahegelegen, doch dazu fehlten die finanziellen Mittel. Die Mutter nahm ihn nach siebenjähriger Schulzeit vom Gymnasium und ließ ihn, seinem Wunsch entsprechend, Maschinenbauer zu werden, 1864 in die Provinzial Gewerbe-Schule Potsdam überwechseln. Hier glänzte er von Anfang an mit vorzüglichen Leistungen, so daß zwei Jahre später auf seinem Zeugnis der Reife das Prädikat *Mit Auszeichnung* zu lesen stand. Otto hatte damit das beste Prüfungsergebnis erreicht, das jemals an dieser Lehranstalt erzielt worden war. 1866 zog es ihn nach Berlin, um für ein Jahr als Praktikant in der renomierten Maschinenfabrik Schwarzkopff tätig zu sein. Durch seine technischen Fähigkeiten, auch durch sein handwerkliches Geschick machte er bald auf sich aufmerksam. Man holte ihn von Schraubstock und Drehbank weg und ließ ihn zu seinem großen Vorteil im Konstruktionsbüro arbeiten. 1867 begann er an der Königlichen Gewerbe-Akademie der Hauptstadt das Studium der Mechanik. Ein Jahr später folgte ihm sein Bruder Gustav nach Berlin und nahm die Ausbildung an der Bau-Akademie auf. Da von der Familie kaum Unterstützungen zu erwarten waren, lebten beide in dürftigsten Verhältnissen. Otto hatte als Praktikant eine primitive Schlafstelle und sein Bett mit anderen, so mit einem Droschkenkutscher, geteilt. Erst als er durch Fürsprache des Akademie-Direktors ein Stipendium von 300 Talern erhielt, verbesserte sich ihre Lage. Die Studenten, *Lebenskünstler* nannten sie sich, konnten jetzt *mit dieser fabelhaften Summe wie die Fürsten leben,* wie es später Gustav Lilienthal humorvoll schilderte. Beide bemühten sich nebenher um die Kunst des Fliegens, die sie von Kindesbeinen an in Atem hielt. Schon als Jungen hatten sie immer wieder den Flug der Vögel beobachtet, hatten auf dem Anklamer Exerzierplatz mit einfachen Geräten erste Flugversuche gewagt und waren damit zum Gaudium ihrer Altersgenossen gescheitert. Sie gaben jedoch nicht auf, beschäftigten sich weiter mit Flugproblemen und veränderten ihre aus Weidenholz und Leinwand gefertigten Fluggeräte. 1868 experimentierte Otto Lilienthal auf dem Gut seines Onkels in Demnitz, Kreis Ueckermünde, mit dem sogenannten Flugschlagapparat, bei dem die Flügel durch Tretbewegungen gehoben und gesenkt werden und mußte freilich erkennen, daß dieser Versuch zu keinem Erfolg führte. Gleich nach Abschluß des Studiums an der Gewerbeakademie wurde er 1870 Soldat, zog in den Krieg und nahm an der monatelangen Belagerung von Paris teil, wo die Beobachtung französischer Heißluftballons ihm die einzige Abwechslung des tristen, eintönigen Dienstes gewährte. Otto Lilienthal hatte dabei Zeit, über seine Flugpassion nachzudenken. In einem Brief an Bruder Gustav heißt es: *Du kannst Dir wohl denken, daß ich mich oft genug damit beschäftige. Mein halbes Notizbuch habe ich schon voll gemalt [...] Ich möchte meine Flugversuche nach einer Richtung hin besonders voll ausdehnen.*

Nach der Rückkehr aus Frankreich war sich Otto Lilienthal völlig darüber im klaren, daß zur Verwirklichung seiner Vorstellungen in jedem Fall Geld vonnöten sei. Das galt es zu beschaffen. Deshalb ging er noch 1871 in die Industrie, zunächst in die Berliner Maschinenfabrik M. Weber und dann als Konstruktionsingenieur in die Fabrik von Carl Hoppe, die Bergbaumaschinen herstellte. Hier arbeitete er bienenfleißig an der Konstruktion neuer technischer Anlagen, an Erfindungen von Maschinen auch und konnte sie sogar patentieren lassen. Sein erstes Patent von 1877 „Verbesserung von Schrämm-Maschinen mit Messerscheibe" zur Erleichterung der Kohlegewinnung kam ihm selber zustatten. Im Auftrag der Firma Hoppe reiste er zum Einsatz dieser Spezialmaschinen wiederholt in die Bergbaugebiete Sachsens, Schlesiens, Galliziens und lernte dabei übrigens – *im Plauenschen Grund* – die achtzehnjährige Tochter Agnes des Bergbaubeamten Hermann Fischer kennen, verlobte sich mit ihr und heiratete sie am 11. Juni 1878.

Mit seinem Bruder Gustav, der vorübergehend als Architekt in London tätig gewesen war, bemühten sie sich nun verstärkt um eine wirtschaftliche Unabhängigkeit. Patente sollten ihnen vorab die erforderlichen Einkünfte erbringen. So hatte Gustav Lilienthal auf Anregung Friedrich Fröbels die Idee, Baukästen für Kinder aus Holz durch solche aus schwereren Kunststeinen zu ersetzen. Er fand in langwierigen Versuchen mit Hilfe der Schwester Marie, die nun auch in Berlin lebte, das geeignete Mischungsverhältnis von Firnis, Kreide, Sand und Farbe heraus, um die Kunststeine den Bauelementen der Maurer nachzubilden, schuf Würfel, Pyramiden. Säulen und Bogen. Die Geschwister hofften, sich hiermit die Voraussetzung für eine selbständige Existenz zu schaffen. Diese Hoffnung erfüllte sich leider nicht. In Berlin fanden die Kästen kaum Beachtung. Da durch die aufwendigen Experimente ihre Ersparnisse nachgerade aufgebraucht waren, sahen sie sich gezwungen, das Verfahren zu verkaufen. Es erwarb für tausend Mark Friedrich Adolf Richter in Rudolstadt. Der mit allen Wassern gewaschene Unternehmer ließ es unverzüglich auf seinen Namen patentieren und nahm 1882 die Produktion der Kunststeine auf. Unter der Bezeichnung „Anker-Steinbaukästen" wurde das Kinderspielzeug weltberühmt und brachte dem geschäftstüchtigen Richter Millionengewinne ein. Die Lilienthals strengten wegen des Verlustes ihrer Erfindung; Prozesse an und verloren sie.

Mehr Glück hatte Otto Lilienthal mit seinen Erfindungen von Maschinen und Motoren, so mit dem *Gefahrlosen Dampfkessel aus Schlangenrohr-Elementen.* Dies Patent sollte für ihn die Grundlage seiner wirtschaftlichen Selbständigkeit bilden. Mit dem Dampfkessel konnte er damals für den industrieellen Bereich sozusagen eine Marktlücke schließen, konnte im Herbst 1881 eine eigene Werkstatt eröffnen und sie binnen weniger Jahre zu einer achtbaren Fabrik von sechzig Beschäftigten ausbauen. Dampfmaschinen, Dampfheizungen, Transmissionen und Akkordsirenen für Nebelhörner des Küstenschutzes stellte sie u. a. her. Auch durch zwanzig im In- und Ausland anerkannte Patente erreichte er das, wonach er lange gestrebt hatte. Otto Lilienthal wurde ein erfolgreicher Fabrikbesitzer. Dabei blieb ihm die soziale Misere der Berliner Arbeiter nicht verborgen.

Als Praktikant hatte er das Elend armer Leute deutlich genug am eigenen Leibe erfahren. Als Firmengründer bemühte er sich nun, die persönlichen Verhältnisse seiner Arbeiter zu verbessern und beteiligte sie seit 1890 am Gewinn des Betriebes. Das war für jene Zeit ganz ungewöhnlich. Ungewöhnlich dürfte auch anderes gewesen sein. Lilienthal übernahm die Leitung eines Theaters – bestieg überdies als Schauspieler die Bretter der Bühne – und ermöglichte den Beschäftigten seiner Fabrik den Besuch guter Vorstellungen. Die Eintrittspreise zwischen 10 und 50 Pfennig schienen für sie erschwinglich, das Defizit zahlte der Chef. Er war von Gerhart Hauptmanns „Weber" tief beeindruckt, schrieb selber Dramen und ließ sie aufführen. Bei „Moderne Raubritter" und „So wird es gemacht" handelt es sich – wie in Hauptmanns Stück – um eine kritische Schilderung der Zustände vom Ende des 19. Jahrhunderts.

Otto Lilienthal hatte unabhängig von vielen Zwängen des Alltags nun die Möglichkeit, relativ ungestört wieder Flugversuche aufzunehmen und verfolgte jetzt mit seiner Arbeit das Ziel, volle wissenschaftliche Klarheit über die Vorgänge des Fliegens zu erlangen. Zur Ermittlung genauer Daten und hinreichender Kenntnisse von Gesetzen der Luftbewegung konstruierte er Meßgeräte, beobachtete nach wie vor das Flugverhalten der Vögel und baute neue Fluggeräte. Mit seinen theoretischen und praktischen Erfahrungen trat er an die Öffentlichkeit, hielt stark beachtete Vorträge, brachte das Buch „Der Vogelflug als Grundlage der Fliegerkunst. Ein Beitrag zur Systematik der Flugtechnik" im Druck heraus und wurde aktives Mitglied von Vereinen und Verbänden zur Förderung der Luftschiffahrt. Das Wort *Flugzeug* stammt übrigens von ihm.

Lilienthal verlegte die Flugversuche von seinem Wohnort Berlin Lichterfelde auf freies Gelände, in die Höhen von Derwitz, auf den *Rauen Berg* in Steglitz, schließlich in die Rhinower Berge, nutzte jede freie Stunde zum Üben und konnte sich wie ein Kind freuen, wenn er wieder ein paar

Meter weitergeflogen war. Nach den Derwitzer Flugversuchen äußerte sich später als Augenzeuge der französische Flugtechniker Ferdinand Ferber begeistert: *Der Tag des Jahres 1891, an dem Lilienthal erstmals fünfzehn Meter weit die Luft durchmessen hat, fasse ich auf als den Augenblick, an dem die Menschheit das Fliegen gelernt hat.* Es gelangen ihm nach und nach Gleitflüge von 20, 100 und mehr Metern Weite. Nicht immer verliefen die Versuche problemlos. Doch Unfälle konnte der mutige Mann jedes Mal unverletzt überstehen. Am 9. August 1896 kam es anders. Dieser Tag machte alle weiteren Pläne zunichte. Otto Lilienthal stürzte ohne eigenes Verschulden aus zwanzig Meter Höhe ab, brach sich den Halswirbel und starb tags darauf in der Bergmannschen Klinik zu Berlin. *Opfer müssen gebracht werden*, sollen seine letzten Worte gewesen sein. Der weltweit anerkannte Flugzeugkonstrukteur und bedeutende Pionier der Luftfahrt hinterließ neben seiner Ehefrau Agnes vier Kinder. Im In- und Ausland wurde seiner ehrend gedacht. In Lilienthals Geburtsstadt Anklam erinnert seit 1991 ein gut entwickeltes, didaktisch vorzüglich gestaltetes Museum an den großen Sohn des Gemeinwesens.

Waßermann, M.: Otto Lilienthal. Biographie. Leipzig 1985

Wegener, J.: Otto Lilienthal. Erinnerungen an ein ungewöhnliches Leben. Berlin 1991

Nitsch, St.: Vom Sprung zum Flug. Der Flugtechniker Otto Lilienthal. Berlin 1991

Seifert, K.-D.: Otto Lilienthal. Leben und Werk, eine Biographie. Hamburg [u. a.] 1992

Seufert, K. R.: Dem Wind entgegen. Otto Lilientbal, ein Pionier der Luftfahrt. Bindlach 1994

Auer, P.: Lilienthal & Co. Berlin 1996

Gottlieb Mohnike

Gottlieb Mohnike

1781–1841

Wenn von pommerscher Geschichte und Literatur des 19. Jahrhunderts die Rede ist, darf Gottlieb Mohnike nicht außer acht bleiben. Auf die wissenschaftlichen Arbeiten dieses Mannes kann die Forschung auch heutzutage kaum verzichten. Er besorgte die erste dreibändige, kritische Ausgabe von „Bartholomäi Sastroens Herkommen, Geburt und Lauff seines gantzen Lebens" (1823/24), die unter den deutschsprachigen Autobiographien an vorderster Stelle rangiert, gab zusammen mit Ernst Heinrich Zober „Johann Berckmanns Stralsunder Chronik" (1832) heraus, schrieb eine Geschichte der Buchdruckereien in Stralsund (1832) und zur Buchdruckerkunst in Pommern (1840). Auf dem Feld der Kirchengeschichte trat er mit beachtlichen Abhandlungen hervor. Ob es die „Geschichte des Kirchengesangs in Neuvorpommern" (1831) ist, ob es sich um einzelne vorpommersche Kirchenlieder-Dichter oder um den Reformator Johann Bugenhagen handelt, seine Studien haben Gewicht. Und was die pommersche Literaturgeschichte betrifft, wäre auf Veröffentlichungen über Gotthard Ludwig Kosegarten (1831/32) zu verweisen. Doch damit sind die Leistungen Mohnikes erst in Ansätzen umrissen. Seine überragenden Verdienste liegen zweifellos auf dem Gebiet der nordeuropäischen Literatur. Durch seine glänzenden Übersetzungen schwedischer und dänischer Autoren wurde er zum Vermittler kultureller Werte zwischen Ländern nördlich und südlich der Ostsee.

Gottlieb Mohnike erblickte am 6. Januar 1781 in Grimmen das Licht der Welt. Sein Vater war dort Kaufmann und Ratsmitglied. Stadtschule in der Geburtsstadt, Gymnasium zu Stralsund, Studium der Theologie in Greifswald und Jena sind Stationen seines Ausbildungsweges. Das Universitätsstudium läßt bereits die Weite und Breite seiner Interessen und Neigungen erkennen. Man sah ihn nicht nur bei den Theologen, sondern auch in Hörsälen der Historiker, Philosophen, Naturwissenschaftler und Mathematiker. In Greifswald war er Schüler des jungen Dozenten Ernst Moritz Arndt, in Jena von den von ihm verehrten Professoren Schelling und Hegel. In Greifswald bestand er 1803 das erste, 1809 das zweite theologische Examen. Mohnike hatte alle Voraussetzungen für die Universitätslaufbahn, wäre zweifellos eine *Zierde* der Hochschule gewesen. Neid Mißgunst anderer verhinderten dies indessen. Er hatte *keine Fürsprecher, und so kamen immer die untauglichsten Subjecte in die besten und wichtigsten Stellen,* wie es 1815 der bekannte Wissenschaftler Friedrich Rühs verbittert formulierte.

Mohnike mußte sich zunächst, wie viele junge Theologen jener Zeit, als Hauslehrer *bewähren.* Fast acht Jahre dauerte diese Tätigkeit, und zwar bei Familien des rügenschen Adels, bei von der Lancken in Plüggentin und von Dycke auf Losentitz. 1810 wurde er zum Konrektor der Stadtschule in Greifswald gewählt, 1813 durch Bürgermeister und Rat von Stralsund zum Pfarrer an St. Jakobi der Sundstadt berufen und 1818 überdies mit dem Amt eines Konsistorial- und Schulrats des neuen Regierungsbezirks betraut. In diesen Ämtern – als Pfarrer, Pädagoge und Verwaltungsbeamter – galt es, ein enormes Arbeitspensum zu bewältigen. Und Mohnike nahm sämtliche Aufgaben sehr ernst. In Stralsund war er als Prediger auf der Kanzel ebenso geachtet und beliebt wie als Seelsorger im Gespräch mit den Gemeindegliedern. Und was er als *Amtsperson* von den Verhältnissen außerhalb der Stadtgrenzen zu berichten wußte, ließ nicht nur die Regierungsstellen aufhorchen. Gleich nach seinem Dienstantritt (1818) unternahm er als Schulrat ausführliche Visitationen und war von den Zuständen des damaligen ländlichen Bildungswesens tief erschüttert. Man braucht nur seine im Stralsunder Archiv überlieferten Protokolle – etwa von Hiddensee – einzusehen, um das Erschrecken über jene Misere zu erkennen. Der begnadete Schulmann war natürlich sofort bereit, dringend notwendige Veränderungen einzuleiten.

Neben seinen zeitraubenden Amtsgeschäften nutzte Mohnike jede Gelegenheit zur literarischen und wissenschaftlichen Betätigung. Und was er dabei leistete, kann uns nur mit Staunen und Hochachtung erfüllen. Im Alter von vierzig Jahren erlernte er die schwedische Sprache, beherrschte auch bald die dänische und isländische soweit, daß er die Literatur dieser Länder brillant ins Deutsche zu übertragen vermochte. Auf den Klassiker der schwedischen Literatur, Esaias Tegnér (1782–1846), richtete er im besonderen seine Aufmerksamkeit. Dessen als schwedische Nationaldichtung verstandene „Frithjofssage", ein Epos in 24 Romanzen, in dem Tegnér ein großes Bild altnordischen Wikingerlebens zeichnete, wurde von Mohnike genauso in die deutsche Sprache übersetzt wie sämtliche Gedichte, Schulreden, ferner u. a. die Balladen „Axel", „Der Auerhahn", und „Der Riese Finn". Es gab von einzelnen Tegnérwerken freilich schon frühere Übertragungen. Doch mit Gottlieb Mohnike trat ein Philologe und Historiker auf den Plan, der mit gewissenhafter Textkritik zugleich gut lesbare Nachbildungen zu schaffen verstand. Von der in zahlreichen Kultursprachen erschienenen bekannten Frithjofssage kam die Mohnike-Übersetzung 1840 bereits in vierter Auflage heraus. Mit Esaias Tegnér verband ihn eine innige Freundschaft. Der berühmte schwedische Dichter und spätere Bischof von Växjö besuchte ihn mehrmals in Stralsund. In dem nordeuropäischen Reich war Mohnikes Name weithin bekannt. Wie sehr er dort geschätzt wurde, geht auch aus einem Brief Bernhard von Beskows, des Sekretärs des schwedischen Kronprinzen Oscar, vom 19. November 1839 hervor, in dem es heißt: *Es geschieht nicht alle Tage, daß ein großer Dichter den besten Übersetzer findet, daß er durch dessen Kraft in fremdem Land und fremden Zeiten aufzutreten vermag. Wir beglückwünschen uns daher als Liebhaber schwedischer Dichtung, daß der Sängerfürst unserer Zeit einen ihm gemäßen Dolmetscher gefunden hat.*

Mohnike war unermüdlich tätig, bearbeitete und veröffentlichte beispielsweise „Volkslieder der Schweden" (1830), „Die Sage von Frithjof dem Starken" (aus dem Isländischen), P. E. Müllers „Über den Ursprung, die Blüte und den Untergang der isländischen Geschichtsschreibung" (1835) und H. Fr. J. Estrups „Absalon, Bischof von Roskilde" (aus dem Dänischen). Als korrespondierendes Mitglied der Königlich Dänischen Gesellschaft für nordische Altertumskunde zu Kopenhagen beteiligte er sich rege an Vorhaben dieser Institution, besprach in deutschen Zeitschriften Aufsätze dänischer Wissenschaftlicher und förderte zusammen mit ihnen die Herausgabe bedeutender nordeuropäischer literarischer Quellen.

Die wissenschaftlichen Leistungen dieses Mannes, die er neben seinen beruflichen Pflichten vollbrachte, verdienen ganz gewiß höchste Anerkennung. Seine Bücher und Aufsätze über theologische, historische und literarische Themen und die in nachgerade dichter Reihung vorliegenden Übersetzungen sprechen für sich. Ein Literaturverzeichnis weist immerhin rund 150 Mohnike-Titel aus. Unveröffentlichte Arbeiten befinden sich außerdem noch in seinem, im Stadtarchiv Stralsund verwahrten Nachlaß. Mohnike war mit vielen bedeutenden Gelehrten seiner Zeit persönlich bekannt. Siebzehn in- und ausländische Akademien oder wissenschaftliche Gesellschaften zählten ihn zu ihrem Mitglied. Hohe Auszeichnungen wurden ihm zuteil. Die Universität Greifswald verlieh ihm 1824 die Würde eines Ehrendoktors der Theologie und Philosophie. Er war Träger des preußischen Adler- und des schwedischen Nordsternordens. Die Schwedische Akademie zu Stockholm überreichte ihm ihre große goldene Ehrenmedaille. Nachdem er 1838 in Stralsund Stadtsuperintendent geworden war, führte er auch den Titel Professor der Theologie.

Daß sich der ungeheuer fleißige Gelehrte bemühte, in seinen Publikationen die Forschungsergebnisse europäischer Wissenschaftler zu berücksichtigen, ist eine Tatsache, für die zum einen der erhaltene rege Briefwechsel mit Bibliotheken und namhaften Persönlichkeiten, zum anderen seine umfangreiche, wertvolle Privatbibliothek spricht. Sie hatte einen Umfang von annähernd zehntausend Bänden, von denen später erfreulicherweise ein wesentlicher Teil zur allgemeinen Nutzung in die Stralsunder Archivbibliothek gelangte. In der Sundstadt wurde seinerzeit das geistige Leben weitgehend durch ihn geprägt. Er begründete 1835 den Literarisch-geselligen Verein, dessen Tätigkeit sich durch ein beachtliches Niveau auszeichnete. Mohnike hielt darin die meisten Vorträge und war sozusagen die Seele der Vereinigung.

Im Jahre 1820 hatte er das für ihn sehr verlockende Angebot eines Wirkungskreises in Koblenz am Rhein erhalten, und zwar als Geheimrat und Schulrat. Auch auf Anraten seines Freundes Ernst Moritz Arndt lehnte er dies jedoch ab und blieb in Vorpommern, in der Stadt am Strelasund, im Hause Langenstraße 58, an dem noch heute eine Gedenktafel mit der Inschrift: „Hier wohnte Dr. Gottlieb Mohnike 1814–1841“ an ihn erinnert.

Er war seit 1810 mit der Tochter Karoline des Grimmer Stadtphysikus Dr. Johann von Stucker verheiratet, die neun Kinder gebar, von denen zwei, die älteste Tochter und ein Sohn, früh verstarben. Von den Töchtern trat die unverheiratete Selma mit eigenen Übersetzungen aus dem Schwedischen und Englischen an die Öffentlichkeit. Der Sohn Otto machte als Arzt von sich reden, praktizierte in holländischen Diensten auf Java und in Japan, gab aus dem Nachlaß des Vaters einzelne Werke wie „Eigene Gedichte Gottlieb Mohnikes“ (1842) und „Lessingiana“ (1843) im Druck heraus.

Der wiederholt schwer erkrankte Gottlieb Mohnike starb am 6. Juli 1841 im Alter von 60 Jahren. Überblickt man das Lebenswerk dieses Mannes, so haben ihm Theologen, Historiker, Philologen, darunter besonders Nordisten gleichermaßen viel zu verdanken. Mit ihm verlor die pommersche Geistesgeschichte des 19. Jahrhunderts einen ihrer faszinierendsten Vertreter.

Gülzow, E.: Gottlieb Mohnike. In: Pommersche Lebensbilder. Bd. 1, Stettin 1934, S. 53–62

Brennecke, D.: Gottlieb Mohnike. Der Polyhistor aus Stralsund. In: Zs. Pommern, Jg. 15, 1977, Heft 3, S. 20–25

ders.: Aus Gottlieb Mohnikes Korrespondenz. In: Zs. Pommern, Jg. 17, 1979, Heft 4, S. 16–22

ders.: Gottlieb Mohnike und der Freiherr vom Stein zum Altenstein. Ein Beitrag zur Geschichte der pommerschen Gelehrsamkeit. In: Zs. Pommern, Jg. 23, 1985, Heft 1, S. 1–8

Ewe, H.: Gottlieb Mohnike. In: Ostsee-Zeitung 1992, Nr. 192

Balzer Bogislaw von Platen

Balzer Bogislaw von Platen

1766–1828

Die Schweden sprechen gerne von dem „Blauen Band“ ihres Landes und meinen damit den 385 Kilometer langen Götakanal, der die Nordsee mit der Ostsee, Göteborg mit Stockholm verbindet. Der Erbauer dieses technischen *Wunderwerks* war ein Vorpommer, nämlich Balzer Bogislaw Graf von Platen. Er entstammt einem alten rügenschen Adelsgeschlecht und wurde am 29. Mai 1766 auf Deutschlands größter Insel in Dornhof nahe bei Schaprode geboren. Sein Vater, Philipp Julius Bernhard von Platen (1732–1805), hoher Offizier in schwedischen Diensten, war übrigens der erste und einzige deutsche Generalgouverneur von Schwedisch-Pommern und Kurator der Universität Greifswald.

Der Lebenslauf Balzer Bogislaws gleicht einem spannenden Kriminalroman. Eigentlich wollte er, der Familientradition gemäß, Kavallerist werden. Der Vater, Oberst und Kommandeur des Nordschonischen Kavallerieregiments entschied jedoch anders, sah für den Sohn die Seeoffizierslaufbahn vor und schickte ihn 1779 im Alter von erst dreizehn Jahren auf die Kadettenschule von Karlskrona. Ein Jahr später wurde er bereits Fähnrich und auf die Handelsbrigg „Thetis“ abkommandiert, auf der er rasch zum Steuermann avancierte. Weite Reisen führten ihn in schwierigen staatlichen Missionen über die Weltmeere bis nach Westindien (nach Saint-Barthélemy). 1784 stieg er als Flottenoffizier auf das Linienschiff Seiner Majestät „Prinz Gustav“ um, das 1788 vor der Ostsee-Insel Hogland im Seegefecht mit russischen Kanonenbooten schwer getroffen unterging. Der an Bord verwundete Platen wurde mit einem Teil der Mannschaft gerettet, gefangengenommen und bis nach Nowgorod verschleppt. Die Gefangenschaft, die bis zum Friedensschluß zwischen Schweden und Rußland (1790) dauerte, tat seiner militärischen Karriere keinen Abbruch. Rückwirkend erfolgte 1788 seine Ernennung zum Oberleutnant und 1789 zum Kapitän. 1792 wurde er zum Oberstleutnant und General-Flügeladjutant bei der Admiralität befördert und erhielt den Rang eines Ritters des Schwertordens.

Im Jahre 1800 schied er als Oberst aus der Flotte und wechselte zur Politik über. Und hier verlief sein Aufstieg nicht minder steil. Balzer Bogislaw von Platen wurde Mitglied des Staatsrates in Stockholm, Gesandter,

1814 Generalgouverneur von Holstein. Schleswig, Jütland, 1827 Reichsstatthalter in Norwegen und damit zu einem direkten Vertreter des Königs. Er war in Schweden ein allgemein bekannter, geachteter Mann und ging im Königshaus sozusagen ein und aus. Hin und wieder konnte er die verantwortungsvollen Ämter niederlegen und sich dem Lieblingswerk seines Lebens widmen. Das war der Kanalbau. 1798 wählte man ihn in die Direktion des Trollhätta-Kanals. Im selben Jahr kaufte er das in Nähe des Vänersees gelegene ansehnliche Gut Frugarden. Zwei Jahre später verheiratete er sich mit Hedwig Elisabeth Ekmann, der Tochter eines wohlhabenden Göteborger Großkaufmannes, mit der er drei Kinder hatte.

Der Trollhätta-Kanal erschloß von Göteborg aus erst einen begrenzten Teil des Landes gen Westen. Platen wollte ihn durch ganz Schweden führen. Um diesen seinerzeit phantastischen Plan zu verwirklichen, galt es vorab Erfahrungen zu sammeln, wichtige Kanäle anderswo kennenzulernen. Und so begab er sich nach Preußen. Frankreich und England, traf mit dem hervorragenden britischen Kanalbaumeister Thomas Telford zusammen und gewann ihn für sein großartiges Projekt. Um das Interesse für seinen Kanal zu wecken und die Bereitschaft für notwendige Kredite zu erlangen, mußte auf den Nutzen, vorsorglich auch für die Flotte, hingewiesen werden. Dazu legte Platen 1806 seine „Abhandlung über Kanäle durch Schweden mit besonderem Bezug auf die Verbindung von Vänern bis zur Ostsee“ vor. Er beschrieb darin die Probleme, die sich für die Seefahrt von Göteborg nach Stockholm mit einer Entfernung von etwa 800 Kilometern ergaben, erinnerte an ungünstige Winde, unliebsame Kontrollen der Dänen im Sund und so fort. Dem allen konnte er die Sicherheit und erhebliche Zeitersparnis des Kanals gegenüberstellen. Um über die notwendigen finanziellen Mittel zu verfügen, begründete er in klugen Überlegungen eine Aktiengesellschaft.

Im Jahre 1808 erteilte ihm König Gustav IV. den Auftrag, einen Entwurf für den Kanal einzureichen. Nach dessen Entthronung (1809) hatte er es mit zwei Königen zu tun, mit Karl XIII. (bis 1818) und danach mit Karl IV. Johann. Beide zeigten sich dem Kanalbau durchaus aufgeschlossen. Doch verhandelt wurde im Reichstag, und dort schlugen 1809 in heftigen Debatten die Wellen hoch. Die ungewöhnlichen Kosten bildeten zumeist das Hauptthema der Auseinandersetzungen. Balzer Bogislaw verteidigte in wortgewaltigen Reden sein Anliegen, hob den Wert des Kanals für die Wirtschaft Schwedens hervor, auf dem u. a. jährlich 12 000 Schiffsladungen Eisen schnell und billig zur Küste befördert werden könnten und brachte – wohl auch aus taktischen Gründen – die militärische Bedeutung ins Gespräch. Kurzum: der Bau des Götakanals, wie er ihn selber nannte, sei eine staatliche Aufgabe erster Ordnung und würde dem Land und ihren Bewohnern nur zur Ehre gereichen. Während einer ganzen Sitzungsperiode des Reichstags ging es um den Kanal. Zeitungen berichteten ständig darüber, lobten oder beschimpften den Initiator. Platen benötigte in dem *Hohen Stockholmer Haus* Mitstreiter. Er fand sie vor allem in geschäftstüchtigen Kaufleuten und auch in dem Bischof Carl von Rosenstein, den er 1791 bei einer Fahrt auf der Fregatte „Diana" nach Marokko als Schiffspfarrer persönlich kennengelernt hatte und der sich ihm seitdem freundschaftlich verbunden wußte.

Am 11. April 1810 war es endlich so weit. Platen hielt ein äußerst wichtiges Dokument in Händen, und zwar den von König Karl XIII. ausgefertigten Sonderbrief, der der „Göta Kanal Aktiengesellschaft" viele Rechte einräumte und die aktive Mithilfe des Militärs in Aussicht stellte. Einen Monat später erfolgte bei Motala der erste Spatenstich. Motala war damals ein kleines Dorf. In kurzer Zeit entstand hier eine Barackenstadt mit Schlafräumen, Küchen, Werkstätten und Vorratseinrichtungen. Tausend Arbeiter rückten im Mai 1810 hier an. Der kleinere Teil bestand aus Leuten der Umgebung, der größere aus Regimentern, von denen die Soldaten zum Bau abkommandiert waren. Das Werk wurde gleichzeitig an mehreren Orten in Angriff genommen. Vieles galt es zu bedenken, Arbeitsgeräte mußten her: Hacken, Schaufeln, Schubkarren, Tragekörbe, Bretter, Pfähle, Sägen, Hämmer usw. Vier- bis fünftausend holzgeschnittene, auf dem Blatt mit Eisen beschlagene Spaten waren allein für den Beginn herzustellen. Bald zählte man auf den Baustellen etwa 7 000 Arbeiter. Platen hatte Probleme über Probleme zu bewältigen. Sein vorpommerscher Landsmann und Freund Ernst Moritz Arndt charakterisierte ihn so: *„Ein schlichter, derber Mann, ein eiserner Charakter voll Verstand, Einfall und Ausdauer, ein fast amerikanisch-republikanischer Mann im besten Sinn"*. Einfall und Ausdauer waren gewiß vonnöten, um die gewaltige Aufgabe des Kanalbaues anzugehen und zu verwirklichen. In oftmals zähen Verhandlungen mit Bauern mußten Grund und Boden für den Trassenverlauf erworben, immer wieder, zuweilen auch mit List und Tücke Geld für die Fortführung des Baues beschafft werden. In England hatte Platen Dampfbagger beobachtet, kaufte einen und ließ in Motala andere bauen. Damit entstand zugleich die erste Maschinenfabrik Schwedens. Tagelang sah man ihn im Sattel des Pferdes, wie er von Baustelle zu Baustelle ritt, die Arbeiter anspornte, tadelte, lobte.

Im Jahre 1813 war die erste von insgesamt 65 Schleusen fertig, mit denen die erheblichen Höhenunterschiede im Gelände überwunden werden konnten. 1822 wurde der Westgötakanal durch König Karl IV. Johann mit großem Aufwand eröffnet. Am 26. September 1832 konnte die Einweihung des Ostgötakanales, durch den die Verbindung zwischen den

Meeren vollzogen war, gefeiert werden. Im Oktober 1834 erfolgte die Jungfernfahrt des Dampfschiffes „Admiral von Platen". Damit wurde durch die schöne Landschaft des nordeuropäischen Reiches der reguläre Passagierverkehr Stockholm – Göteborg aufgenommen.

Balzer Bogislaw Graf von Platen erlebte dies nicht mehr. Ein Krebsleiden hatte ihn am 6. Dezember 1828 in Oslo dahingerafft. In Motala, wohin man den Toten von Norwegen überführte und auf der Familiengrabstätte – im Angesicht des Kanals – beerdigte, ruht neben ihm der älteste Sohn, der dem Vater schon 1827 als junger Offizier auf Gotland entrissen worden war.

Dieser ungewöhnliche Mensch hat zweifellos Ungewöhnliches vollbracht. Höchste Auszeichnungen, wie zum Beispiel die Verleihung des Seraphimenordens, waren ihm zuteil geworden. 1815 hatte ihn der König in den Grafenstand erhoben, kurz zuvor zum Admiral befördert. Schweden würdigte ihn auf vielfache Weise. So hält ein Denkmal auf dem Marktplatz der Stadt Motala die Erinnerung an den Erbauer des Göta-Kanals wach. Ernst Moritz Arndt hatte sicher recht, wenn er feststellte, daß die Schweden lange von der Wirksamkeit dieses Mannes erzählen werden.

Gülzow, E.: Balzer Bogislaus Graf von Platen. In: Pommersche Lebensbilder, Bd. 2, 1936, S. 41–49

Gilde, W.: Das abenteuerliche Leben des Herrn von Platen. Halle 1987

Platen v., Chr.: Geschichte des Geschlechtes von Platen in 3 Bänden. Halstenbek 1989

Ewe, H.: Balzer Bogislaw Graf von Platen – Seemann und Kanalbauer. In: Ostsee-Zeitung 1992, Nr. 150

Johann David von Reichenbach

Johann David von Reichenbach

1727–1807

Er gehörte zu den wenigen vorpommerschen Reformern des 18. Jahrhunderts und entwickelte Pläne, mit denen er seiner Zeit offenbar weit vorauseilte. Der von der Aufklärung geprägte Mann kannte das Land bis in Einzelheiten und war befähigt, eine sorgfältige Beschreibung und überzeugende Charakteristik des Territoriums zu veröffentlichen.

Johann David von Reichenbach wurde am 22. November 1727 als Sohn eines königlichen Steuerbeamten in Greifswald geboren. Im Alter von noch nicht 17 Jahren bezog er die Universität seiner Heimatstadt, studierte Rechtswissenschaft, beschäftigte sich ferner mit staatswissenschaftlichen sowie wirtschaftlich-technischen Fragen, beendete 1749 das Studium und geriet mit einer eingereichten Schrift sogleich in heftige Kontroversen mit Angehörigen des Lehrkörpers. Wie andere junge, tüchtige, kritische Zeitgenossen verließ er Vorpommern und siedelte 1751 nach Stockholm über. Hier war er zunächst Hauslehrer beim Reichsrat Anders von Höpken, trat jedoch bald in schwedische Staatsdienste und war als Kanzlist im Reichskollegium tätig. Ein Jahrzehnt später sah man den inzwischen geadelten Reichenbach in hohen, verantwortungsvollen Ämtern bei der schwedischen Regierung in Stralsund. Als *Oberlicentinspektor* war er Präsident der Licentgerichte, als *Oberkamerarier* stand er gleichsam als schwedisch-pommerscher Finanzminister an der Spitze der Finanzwirtschaft des Landes. 1773 wurde ihm der Titel eines Königlichen Kammerrates und 1791 durch Gustav III. von Schweden der Königliche Nordsternorden verliehen. Gleichzeitig erfolgte seine Ernennung zum Schloßhauptmann. Die Bezeichnung Schloßhauptmann war kein bloßer Ehrentitel, sondern vielmehr mit einem gewichtigen Amt verbunden. In dieser Funktion hatte er die Aufsicht über sämtliche Domänen, Amtshauptleute und Amtsgebäude. Reichenbach war somit zu hohen Ehren und einer einflußreichen Stellung gekommen, hatte, wie es hieß, *sein Glück gemacht.*

Sein Regierungsamt war keinesfalls leicht und einfach zu bewältigen. Dennoch: die Tätigkeit im Staatsdienst scheint ihn nicht hinreichend ausgefüllt zu haben. Schriftstellerisch begabt, publizistisch talentiert griff er zur Feder und hinterließ der Nachwelt allein mit den vier Bänden seiner

„Patriotischen Beyträge zur Kenntnis und Aufnahme des schwedischen Pommerns" (1784–1787) ein Werk, das auch heute noch Beachtung verdient. Seine Stärke lag im Kritisieren der damals bestehenden und von ihm als minderwärtig empfundenen Verhältnisse. Er machte, wie man zu sagen pflegt, aus seinem Herzen keine Mördergrube, nannte die Mißstände ungeschminkt beim Namen und beklagte dies und das. Mit seinem auf vielen Reisen im In- und Ausland geweiteten Blick sah er, daß in Pommern längst nicht alles so war, wie es hätte sein müssen. *Es dürfe nicht so weitergehen*, führte er in der programmatischen Vorrede zu den „Patriotischen Beyträgen" aus, daß die Pommern es immer beim Alten ließen, *nicht aus ihrem Geleise wichen und jahraus, jahrein den sogenannten Hundetrab schlenderten.* Es genüge nach seiner Auffassung nicht, die unhaltbaren Zustände lediglich zu beklagen, es komme vielmehr darauf an, sie zu verändern. In den ersten Teilen seines Hauptwerkes richtete er das Augenmerk auf die unerträglichen Verhältnisse der Landbevölkerung, bei der die Leibeigenschaft ein schlimmes Ausmaß erreicht hatte. Sie nannte er unverblümt *ein barbarisches Institut, das mit keiner Convention sich beschönigen läßt [...] das gegen die Würde der Menschheit ist, ihr alle, sowohl physische als moralische Kraft raubt. Wir,* so folgert er weiter, *dulden kaltblütig, daß ein Teil unserer Brüder an den Erdenkloß, worauf er geboren ward, gleichsam gekettet ist: daß er wie das Vieh sich muß verkaufen, vertauschen oder verschenken lassen.*

Damit sind Töne angeschlagen, die ein anderer wenige Jahre später nicht minder scharf formulierte. Gemeint ist sein Landsmann Ernst Moritz Arndt, dessen 1803 in Berlin veröffentlichtes Buch „Versuch einer Geschichte der Leibeigenschaft in Pommern und Rügen" allenthalben Aufsehen erregte.

Reichenbach kritisierte nicht nur. Er schlug wortreich Wege zur Veränderung der miserablen Zustände vor. Im Katalog seiner Forderungen rangierte an vorderster Stelle die künftige Verhütung des so schädlichen Legens und Schleifens der Bauernhöfe, die Aufhebung der *gleich unweisen,* als *unmenschlichen Leibeigenschaft.* Er beklagte sodann verbittert die mangelnde industrielle Entwicklung des Landes, regte u. a. die Einrichtung von Manufakturen an, die beispielsweise die Verarbeitung der pommerschen Rohbaumwolle übernehmen könnten. Reichenbachs Argumente hatten zweifellos Gewicht, und zwar deshalb, weil sich hier ein Mann zu Wort meldete, der aufgrund seiner Dienststellung über die Landessituation genauestens unterrichtet war. In seinen Ausführungen lenkte er die Aufmerksamkeit wiederholt auf Schweden. Das nordeuropäische Reich konnte für ihn in vielem Vorbild sein. Dort gab es keine Leibeigenschaft, dort entfalteten sich Industriebetriebe, waren Fortschritte im Erziehungs- und Unterrichtswesen zu beobachten.

In der Bildungspolitik lag in Schwedisch-Pommern landauf, landab tatsächlich viel im Argen. Was die damalige Stadtjugend des wohlhabenden Bürgertums betraf, so warf der Reformer zunächst den Eltern die Schuld an der mangelhaften Erziehung vor. *Was findet man in den mehrsten Häusern?* fragt er, *schöne Puppen, die bloß figurieren [...] geschäftige Müßiggängerinnen, die alles zu können glauben, wenn sie ein Liedchen zu trällern, ihr Leibstück auf dem Klavier zu klimpern, zu hüpfen, zu faseln, und ein halb Dutzend Pariser Modenausdrücke zu radebrechen verstehen.* Nicht viel besser war es um die männliche Jugend bestellt, die oftmals alles mögliche lernte, nur das nicht, was sie lernen sollte, nämlich zur Tätigkeit *im Dienste des Staates und Arbeit zum Wohle des Volkes.* Ungleich verheerender waren gegenüber den städtischen Verhältnissen die des platten Landes. Die Förderung der Bildung des *geknechteten* Untertanen lag ihm besonders am Herzen. Mehr Wissen, Aufklärung und die damit verbundene Erkenntnis seiner sozialen Lage – das wußte man sehr wohl – mußte ihn in einen gefährlichen Gegensatz zu seinem Herrn bringen. Dementsprechend war der Unterricht in den wenigen vorhandenen Dorfschulen, der von *elenden Schulmeistern und intriganten Küstern* gehalten wurde, die kaum schreiben, geschweige lesen noch sonst etwas Nützliches konnten. Die Situation der Schulmeister, das waren ausgediente Soldaten und Handwerker zumeist, war ohnehin katastrophal. Sie sahen sich gezwungen, ihren kargen Lebensunterhalt durch einen Nebenerwerb zu bestreiten. Diesen Lehrkräften entsprach verständlicherweise die Lehrmethode. Es fehlte den alten Haudegen und biederen Handwerkern freilich nicht immer am guten Willen und an Eifer, den Unterricht zu gestalten. Sie lehrten die Kinder das Wenige, das sie selber konnten.

Die Verbesserung des Schulwesens in Schwedisch-Pommern erblickte Reichenbach in der Errichtung von Lehrerseminaren, die das Land mit beruflich gebildeten Schulmeistern versorgen sollten. Mit Nachdruck nahm er diesen von der Aufklärung überall vertretenen Gedanken auf, propagierte ihn und hatte damit Erfolg. Im Jahre 1791 begann ein solches Institut in Greifswald seine Tätigkeit. Bereits im ersten Jahrzehnt des Bestehens verließen 60 Teilnehmer ausgebildet die Anstalt. Reichenbach entwickelte außerdem kühn ein Lehrprogramm, das durchaus moderne Züge erkennen läßt. In jedem größeren Dorf sollte eine Schule entstehen, den Kindern armer Eltern das Schulgeld erlassen und die erforderlichen Bücher kostenlos zur Verfügung gestellt werden. Der Unterricht hätte sich nicht auf Lesen, Schreiben, Rechnen zu beschränken, sondern müßte auch Kenntnisse der Erd- und Himmelskunde, der Landesgeschichte und so fort vermitteln. Besonderen Wert legte er auf eine gute Beherrschung der deutschen Sprache, wünschte sich ferner Spiele und

Leibesübungen, die *den Körper abhärten und geschmeidig machen,* und sogar die Erteilung von Musikunterricht. Damit der Gesang der Schüler in den Kirchen *nicht einem Geheul und Hundegebell gleiche.*

Von den höheren Schulen im Lande erfüllte seines Erachtens lediglich das Stralsunder Gymnasium notwendige Anforderungen. Dessem Wirken zollte er volles Lob. Das gleiche vermochte er mitnichten von der Landesuniversität Greifswald zu äußern. Deren unzulängliche Verhältnisse zeichnete er in grellen Farben. Sein Zorn richtete sich vorab gegen die Professoren, die damals – am Ende des 18. Jahrhunderts – gegen alles Neue *kalt blieben.* Im Gegensatz zu anderen Hochschulen wurde in jener Zeit kaum ein Ausländer in die Stadt am Ryck verschlagen, außer einigen Schweden, die ihren Aufenthalt in Greifswald für *eine Art literarischen Karneval* betrachteten, wie es wörtlich lautet. Reichenbachs Verdammungsurteil, das den schärfsten Protest der Greifswalder Professoren hervorrief, schien so ganz übertrieben nicht zu sein. Ernst Moritz Arndt sprach in seinen „Erinnerungen aus dem äußeren Leben“ wohl nicht ohne Grund von dem *Greifswalder Schlaf.* Und der spätere Professor Alwardt beschwerte sich über den traurigen Zustand der Universität, über die Bedeutungslosigkeit ihrer Professoren, darüber, daß die Hochschule so *eine Art von Versorgungsanstalt für gelehrte Invaliden* sei.

Johann David von Reichenbach schied 1795 im Alter von 68 Jahren aus dem Staatsdienst und lebte bis zu seinem Tod am 21. Februar 1807 zusammen mit seiner Frau, der aus Åbo (Turku) stammenden Finnlandschwedin Eva Mertens, in einem geräumigen historischen Giebelhaus in Stralsund. Der bedeutende Reformer hatte ganz gewiß starke künstlerische und literarische Interessen, verfügte über eine ansehliche Privatbibliothek von mehr als 2 000 Bänden. Man kennt sogar die Titel. Im erhaltenen Nachlaß befindet sich ein genaues Verzeichnis der Bücher. Darin sind Publikationen von Rang zu entdecken, Merians „Topographie“ zum Beispiel sowie ältere äußerst seltene Drucke. Außerdem nannte er eine beträchtliche Anzahl kostbarer Gemälde sein eigen. Reichenbach hatte beabsichtigt, die umfangreiche Sammlung der Universität zu schenken. Dazu kam es leider nicht. Die Bilder (102 Stücke) wurden nach dem Tod seiner Frau (1811) versteigert. Für heutige Verhältnisse verbarg sich dahinter ein immenser Wert. Holländische, spanische, italienische Meisterwerke gerieten unter den Hammer. Namen wie van Dycke, Goya (mit mehreren Bildern) erscheinen dabei. De Wittes „Holländischer Fischmarkt“, gegenwärtig ein Glanzstück des Museums zu Leipzig, wurde damals für zehn Reichstaler verkauft.

Reichenbachs Name blieb in Stralsund bis ins 20. Jahrhundert lebendig. Er hatte in seinem Testament für das hiesige Gymnasium den Betrag von

500 Reichstalern bestimmt, von dessen Zinsen Silbermedaillen geprägt werden sollten. Sie wurden als „Reichenbach-Medaille" jährlich den besten Schülern verliehen.

Müller. B.: Johann David von Reichenbach. Ein Beitrag zur Geschichte der Aufklärung in Schwedisch-Pommern. In: Pommersche Jahrbücher, Bd. 20, 1920, S. 1–120

Ewe, H.: Axel von Löwen und Johann David von Reichenbach. In: Kulturelle Beziehungen zwischen Schweden und Deutschland im 17. und 18. Jahrhundert. 3. Arbeitsgespräch schwedischer und deutscher Historiker. (Veröffentl. aus dem Stadtarchiv Stade, Bd. 14) Stade 1990, S. 62–70

ders.: Johann David von Reichenbach. In: Ostsee-Zeitung 1991, Nr. 244

Numrich, Th.: Johann David von Reichenbach und Johann Carl Dähnert. Zwei Aufklärer in Pommern. In: Pommern in der frühen Neuzeit. Hrsg. von Wilhelm Kühlmann und Horst Langer. Tübingen 1994, S. 419–434

Philipp Otto Runge

Philipp Otto Runge

1777–1810

Es ist erstaunlich schön, ein Künstler zu sein, so lebendig ist keinem anderen Menschen die ganze Welt, und ich bin doch erst im Anfange: welche Seligkeit liegt mir in der Zukunft. Das schrieb Philipp Otto Runge am 26. Oktober 1798 an seine Schwester Christine. Jungenträume des einst Siebzehnjährigen hatten sich erfüllt.

Philipp Otto wurde als neuntes von elf Kindern am 23. Juli 1777 in Wolgast geboren. Dem aus einfachen Kreisen stammenden Vater Daniel Nikolaus Runge gelang es, als Reeder und Kornhändler einen bescheidenen Wohlstand zu erreichen. Der Großvater war von der südrügenschen Halbinsel Mönchgut in die Peenestadt übergesiedelt und hatte sich als Schiffszimmermann und Bootsbauer betätigt. In einem von gutem Familiensinn, von Pflichtgefühl und echter evangelischer Frömmigkeit geprägten Elternhaus verlebte der Knabe seine Kindheit und machte bereits frühzeitig mit Zeichnungen und Scherenschnitten auf sich aufmerksam. Der Vater zeigte indes für dessen künstlerische Neigungen wenig Verständnis, sah ihn vielmehr – wie übrigens alle seine Söhne – entweder für den Beruf des Landwirts oder des Kaufmanns vor, auch dann noch, als ihn der Direktor der Wolgaster Stadtschule Gotthard Ludwig Kosegarten bat, *ausnahmsweise wenigstens diesen Sohn studieren zu lassen.* Der Dichter und Theologe Kosegarten erkannte bald die besondere Begabung seines Schülers und förderte ihn. Ungeachtet der künstlerischen Veranlagung Philipp Ottos meinte Vater Daniel Nikolaus handfeste Gründe zu haben, ihn 1795 zum älteren Bruder Daniel in die kaufmännische Lehre nach Hamburg zu schicken. Dies sollte sich als eine äußerst günstige Entscheidung erweisen. Denn in dem Hause des Daniel Runge, der mit den Partnern Speckter, Wülffing und Hülsenbeck eine Speditions- und Handelsfirma betrieb, versammelte sich abends eine Gruppe literarisch interessierter, patriotisch gesinnter und geistig aufgeschlossener Bürger, darunter die Buchhändler Friedrich Perthes und Heinrich Besser, zuweilen auch der Philosoph Friedrich Heinrich Jacobi und der Dichter Matthias Claudius. Man las Goethe und Schiller, diskutierte die Ansichten Kants, Herders, Kloppstocks und anderer Geistesgrößen. In diesem Freundeskreis wurde Philipp Otto sehr gerne willkommen geheißen. Und hier tat sich ihm, der keine höhere Schule besucht hatte, eine neue Welt auf, hier lernte er auf eine schöne Weise die literarischen und philosophischen Strömungen jener Zeit kennen. Daß dem kaufmännischen Lehrling sein Platz am Stehpult der Firma keineswegs behagte, er sich nach anderem sehnte, nahm natürlich der fürsorgliche Bruder Daniel wahr, und ließ ihm bei Hamburger Künstlern nebenher Zeichen- und Malunterricht erteilen. Er vermochte es außerdem, vom gestrengen Vater dessen Einwilligung zum Berufswechsel des Sohnes, nämlich zum Maler, zu erwirken. Nun konnte das von Philipp Otto gewünschte, erhoffte, erstrebte Ziel verfolgt, der Weg zum bildenden Künstler beschritten werden.

Mit finanzieller Unterstützung des Bruders begann er 1799 die Ausbildung an der Kunstakademie Kopenhagen, wo vor ihm Caspar David Friedrich studiert hatte. Obgleich den aufstrebenden Maler dort die traditionelle Lehrmethode nicht in jedem Fall befriedigte, gewann er doch ein Fundament für seine späteren Arbeiten. In Kopenhagen zeichneten sich bereits erste beachtliche Leistungen Runges ab, entstanden Entwürfe zum Gruppenbild „Heimkehr der Söhne“ und sehr bemerkenswerte Porträtstudien. Im Frühjahr 1801 verließ er die dänische Hauptstadt und wechselte nach Dresden über. In dem geistig-kulturellen Zentrum an der Elbe entwickelte er sich in ständiger Begegnung mit Malern, Dichtern, Philosophen, Musikern, darunter mit führenden Geistern der Frühromantik, wie den Philosophen Gotthilf Heinrich von Schubert und Henric Steffens, binnen kurzem zu einer beachtlichen Künstlerpersönlichkeit. Durch seine kunsttheoretischen Auffassungen und mit seinen Bildwerken wurde bahnbrechend Neues deutlich sichtbar. Zur Konzeption der Arbeiten „Die Quelle und der Dichter“ und „Mutter an der Quelle“ schrieb er 1802 an den Bruder Daniel: *Das Bild soll eine Quelle werden im weitesten Sinn des Wortes: auch die Quelle aller Bilder, die ich je machen werde, die Quelle der neuen Kunst, die ich meine [...]* Gemeint war die romantische Malerei, der er wie kaum ein anderer zum Durchbruch verhelfen sollte. Und in einem Brief an den Dichter Ludwig Tieck, mit dem ihn eine innige Freundschaft verband, erläuterte er sein Programm, das von seiner Naturauffassung zu den symbolischen Bildnissen hinführte und zu dem Begriff *Landschaftskunst*, wie er ihn verstand. So reifte in Dresden der Plan zu den „Vier Tageszeiten“, jenem großen Vorhaben, das ihn zeit seines Lebens immer wieder beschäftigte. In den Gegensatzpaaren *Morgen* und *Abend*, *Tag* und *Nacht* sollte der ewige Kreislauf von Werden und Vergehen kunstvoll gestaltet werden.

Im Jahre 1803 ging Runge von Dresden nacn Hamburg. 1804 heiratete er Pauline, die Tochter des Handschuhfabrikanten Charles Frédéric Bassenge, der von französischen Auswanderern abstammte, die wegen ihres evangelischen Glaubens vertrieben worden waren. Das Verhältnis mit Pauline hat man als *echt romantisch* bezeichnet. Philipp Otto sah sie 1801 in Dresden zum ersten Mal und verliebte sich sogleich in sie. Da sie damals erst fünfzehn Jahre alt war, lehnte der Vater eine enge Verbindung beider ab. Das führte zu einer schweren Krise im Leben des Künstlers. Er mußte warten – drei Jahre lang, bis er schließlich am 3. April 1804 die Geliebte in Dresden zum Traualtar geleiten konnte. Nach der Hochzeit reiste das Ehepaar über Wolgast nach Hamburg und gründete dort seinen Hausstand. In den nun folgenden Jahren standen zahlreiche Bildnisse im Mittelpunkt der Arbeit des rastlos tätigen Künstlers. Er malte vorwiegend Porträts seiner Familie und Freunde – seiner Frau Pauline, die vier Kinder zur Welt brachte, des Bruders Daniel, des Vaters, der Mutter, Schwiegermutter und unterließ es nicht, sich selber zu porträtieren. Wenigstens sechs Selbstbildnisse sind von ihm überliefert. Er schuf Kinderbilder, von den eigenen und den von Freunden in erstaunlicher Schönheit, von dem Sohn „Otto Sigismund im Klappstuhl“ (1805) oder „Die kleine Louise Perthes“ (1805) oder „Die Hülsenbeckschen Kinder“ (1806). Zu den herausragenden Leistungen der deutschen Frühromantik gehört ganz gewiß das 1806 entstandene großartige „Bildnis der Eltern“. Mit seinen Werken wird Philipp Otto Runge zu Recht als Schöpfer einer neuen bürgerlichen Porträtkunst gewürdigt.

Als im Frühjahr 1806 Franzosen Hamburg besetzten und die Kontinentalsperre verhängten, führte dies zwangsläufig zum Rückgang des Handels und damit auch zum Bankrott der Firma des Bruders Daniel. Philipp Otto begab sich mit seiner Familie für die Dauer eines Jahres in die Heimatstadt Wolgast, zeichnete hier, so das Blatt „Landschaft an der Peene“, malte, korrespondierte mit Goethe, Tieck, Schelling, Brentano und anderen. Während des Sommers wanderte er über Rügen, besuchte seinen ehemaligen Lehrer Kosegarten in Altenkirchen und wurde von ihm zu einem Altarbild für die Uferkapelle Vitt angeregt. Runge entschied sich für das Motiv „Petrus auf dem Meer“, das von der Dramatik des Kampfes der Männer – Apostel und Christus – gegen die Naturgewalten kündet. Er verwandte viel Zeit an dem Bild, wie er dem Bruder Daniel in einem Brief vom 20. Dezember 1806 mitteilte. Die eindrucksvolle Darstellung wurde bedauerlicherweise von der konservativen Geistlichkeit der Insel als für einen Kirchenraum *nicht passend* abgelehnt. Das unvollendet gebliebene, aber dennoch hervorragende Gemälde gelangte nach Jahren in die Hamburger Kunsthalle.

Im Wolgaster Elternhaus wurde die plattdeutsche Sprache gepflegt, die auch Philipp Otto glänzend beherrschte. Von ihm stammen die Märchen „Von dem Fischer und syner Fru“ und „Von dem Machandelboom“, die er offenbar von alten Frauen erfuhr, mit poetischem Geschick in seiner vorpommerschen Mundart aufschrieb. Sie sind von den Gebrüdern Grimm 1812 in den „Kinder- und Hausmärchen“ abgedruckt worden.

Doch mit Runge trat zudem ein Kunsttheoretiker auf den Plan. 1804 entwarf er erste Skizzen zu einer Farbensymbolik, bei derem gedanklichen Ausgangspunkt es sich um den biblischen Schöpfungsbericht handelte, und die Grundfarben Blau, Rot und Gelb für Gottvater, Christus und Heiliger Geist standen. 1806 begann er mit Farbexperimenten, die zwei Jahre später in der sogenannten *Farbkugel* einen teilweisen Abschluß erfuhren. Er gelangte dabei zu Erkenntnissen, die Goethe, den er 1803 persönlich kennengelernt hatte, und mit dem er einen regen Briefwechsel unterhielt, immerhin für so bedeutsam erachtete, daß er sie 1810 in seiner „Farbenlehre“ veröffentlichte.

Als sich der Bruder Daniel Runge zum Aufbau einer neuen Firma entschloß, bot Philipp Otto unverzüglich Hilfe an, zog 1807 nach Hamburg und arbeitete in dem Unternehmen mit. Für eigene Kunstleistungen blieb dabei freilich wenig Zeit. Aber er nutzte sie. Kleine Arbeiten galten wohl mehr dem täglichen Broterwerb, wie Illustrationen von Buchumschlägen, Entwürfe für Theatervorhänge, auch Scherenschnitte, Zeichnungen von Pflanzen, Blumen und Spielkarten, auf denen übrigens das Porträt des Freiheitshelden Ferdinand von Schill erschien. Dabei verlor er sein großes Thema der „Tageszeiten“ nicht aus den Augen. 1808 entstand die kleine Fassung „Der Morgen“, 1809 folgten Arbeiten an der großen. Obzwar unvollendet wird „Der Morgen“ als das reifste Gemälde des Künstlers betrachtet. Die Ausführung des von Philipp Otto Runge konzipierten monumentalen Zyklus der „Zeiten“ war ihm nicht mehr möglich. Der Tod nahm ihm, erst dreiunddreißigjährig, den Pinsel aus der Hand. Der in Vorpommern geborene bedeutende Maler der deutschen Romantik starb in Hamburg am 2. Dezember 1810 an Lungentuberkulose.

Traeger, J.: Philipp Otto Runge und sein Werk. München 1975

Hinz, S.: Philipp Otto Runge. Berlin 1975

Gärtner, H.: Philipp Otto Runge. Dresden 1978

Haese, K.: Pommersche Maler-Romantik in ihren überregionalen Bezügen. In: Pommern. Geschichte, Kultur, Wissenschaft. 2. Kolloquium zur pommerschen Geschichte. Greifswald 1991, S. 91–105

Dallmann, G.: Philipp Otto Runge ... bleib bewundernd stehen. Gützkow 1995

Hohl, H.: Philipp Otto Runge. Die Zeiten – Der Morgen. Hamburg 1997

Carl Wilhelm Scheele

Carl Wilhelm Scheele

1742–1786

Er besuchte kein Gymnasium, studierte an keiner Universität, man verlieh ihm weder den Titel des Doktors noch den eines Professors. Dennoch: im 18. Jahrhundert und danach hatte der Name des Chemikers und Pharmazeuten Carl Wilhelm Scheele weithin guten Klang. In Schweden setzte man ihm Denkmäler, in Deutschland benannte man Straßen nach ihm. Königliche und andere Akademien und wissenschaftliche Gesellschaften Europas zählten ihn zu ihren Mitgliedern, so in Stockholm, Paris, Turin, Verona, Erfurt und Berlin. Und Chemiker priesen ihn im Bereich ihres Faches gar als einen der Größten aller Zeiten.

Der mehrfach Geehrte stammte aus Vorpommern, erblickte im Dezember 1742 in Stralsund das Licht der Welt. Unter den Trägern des Namens Scheele entdeckt man im Umkreis der Sundstadt achtenswerte Leute – Geistliche, Juristen, hohe Militärs, Gelehrte der Universität Greifswald, Bürgermeister und Ratsherren. Carl Wilhelms Vater, Joachim Christian Scheele, gehörte zu den angesehenen Bürgern der Stadt und betätigte sich als Brauer und Kornhändler. Die Vorfahren der Mutter, Margaretha Eleonora Warnkros, waren ebenfalls in Vorpommern beheimatet. Carl Wilhelm war das siebte von elf Kindern in der Ehe. Mit den wirtschaftlichen Verhältnissen des Vaters schien es freilich nicht immer zum Besten zu stehen. 1745 ging sein Geschäft sogar in Konkurs. Dabei geriet auch das Wohngebäude an der Fährstraße, das Geburtshaus Carl Wilhelms, unter den Hammer. Die Scheeles fanden zunächst bei Verwandten Aufnahme und wechselten danach wiederholt ihre Stralsunder Wohnung. Der Vater bestritt fortan als Makler mit mehr oder weniger Erfolg den dürftigen Unterhalt der kinderreichen Familie, konnte es aber ermöglichen, den Sohn 1748 in eine Privatschule zu schicken. Über die Jugendzeit Carl Wilhelms ist wenig bekannt. Man sah ihn, wie es heißt, selten in frohem Spiel mit anderen Kindern, sondern statt dessen still und nachdenklich mit eigenen Dingen befaßt. Im Alter von knapp fünfzehn Jahren verließ er Stralsund, ging nach Schweden und begann in der Göteborger Apotheke „Zum Einhorn“ die Lehre, dort wo vorher sein älterer 1754 verstorbener Bruder Johann Martin ausgebildet worden war.

In Göteborg sollten wichtige Weichen im Lebensweg Carl Wilhelms gestellt, der Grund für sein später oft bewundertes Wissen gelegt werden. Sein Lehrherr, der aus Deutschland stammende Apotheker Martin Andreas Bauch erkannte die Neigungen und Fähigkeiten des wißbegierigen Lehrlings und zog ihn zu Arbeiten im Laboratorium hinzu. Damit erfüllten sich ganz gewiß ersehnte Wünsche des jungen Stralsunders. Er las bis in die Nächte sämtliche Fachbücher, deren er habhaft werden konnte, bemühte sich, die darin beschriebenen Versuche im Labor zu wiederholen, mehr noch: eigene zu erproben.

Carl Wilhelm betrieb dies Studium mit einer Intensität, daß sich Apotheker Bauch besorgt an den Vater in Stralsund wandte, ihm mitteilte, daß der Junge viel *zu viel über Büchern* sitzt, die für sein Alter *viel zu hoch* sind, und deshalb um seine Gesundheit fürchten läßt. Nach acht Jahren ging Scheele mit dem Gesellenbrief in Händen von Göteborg nach Malmö und konnte bei dem verständnisvollen Besitzer der Apotheke „Zum gefleckten Adler“, Peter Magnus Kjellström, seine Studien unbehindert fortsetzen. Es war für den Apothekergesellen jedoch keinesfalls leicht und einfach, mit gelehrten akademischen Kreisen in Verbindung zu treten. Man nahm ihn offensichtlich nicht ernst und ließ es ihn wissen. Denn als er erste Aufsätze über seine in experimenteller Laborarbeit gewonnenen Erkenntnisse der Akademie in Stockholm zur Veröffentlichung einreichte, wurden sie von dort schlankweg abgelehnt. Doch Carl Wilhelm Scheele ließ sich in seinem Forschungsdrang keinesfalls beirren, prüfte wohl auch unsystematisch dies und das und machte bereits bemerkenswerte Entdeckungen. Es war gewiß ein glücklicher Zufall für ihn, für sein Fortkommen, in Malmö dem Dozenten für Chemie an der Universität Lund, Anders Jahan Netzius, begegnet zu sein. Der Bekanntschaft und späteren Freundschaft mit dem schwedischen Wissenschaftler hatte er mannigfache Hilfe und Unterstützung zu verdanken. Netzius gab seinem Forschungseifer Richtung, ermahnte ihn, nicht alle möglichen Versuche gleichzeitig neben- und durcheinander anzustellen, und veranlaßte ihn, über seine Laborarbeiten tunlichst Tagebuch zu führen. Der Universitätsdozent war von dem Apothekergesellen sehr beeindruckt, nahm dessen naturwissenschaftliche Begabung und sein erstaunliches Gedächtnis wahr, und lobte die Fertigkeit des *schnellen und wissensdurstigen Studiosus pharmaciae, Versuche auszudenken und auszuführen.* Und so nimmt es nicht wunder, daß bald beide Schulter an Schulter nebeneinander im Laboratorium standen und gemeinsam experimentierten. Von den Ersparnissen kaufte Scheele Bücher der Chemie und – so wird berichtet – schrieb an den Rand von Textstellen Bemerkungen: *das kann sein, das ist richtig, das werde ich noch püfen.* Er weilte drei Jahre in Malmö. Bevor er 1768 nach Stockholm übersiedelte, besuchte er von Schweden aus das erste und letzte Mal die Eltern in seiner Heimatstadt Stralsund. Alle Hoffnungen und Erwartungen an die Tätigkeit in der Hauptstadt Stockholm hielten sich für ihn freilich in Grenzen. So bot sich ihm in der neuen Arbeitsstätte, in der Apotheke „Zum Raben", kaum Gelegenheit für eigene Forschungen. Er hatte die Rezeptur und den Verkehr mit dem Publikum zu versehen. Daneben blieb wenig freie Zeit, und die nutzte er. In einer *Fensternische* – das war sein Arbeitsplatz – entdeckte er die Einwirkung der Sonnenstrahlen auf Silbersalze, untersuchte den Weinstein, entdeckte die Weinsäure und so fort. Auch zusammen mit Netzius, der ihm nach Stockholm gefolgt war, wurden begonnene Arbeiten fortgesetzt. Die veröffentlichten Tagebuchaufzeichnungen vermögen über die Vielfalt von Beobachtungen, Versuchen, Entdeckungen Auskunft zu geben. Wahrscheinlich infolge der begrenzten Forschungsmöglichkeiten kehrte Scheele schon nach zwei Jahren (1770) Stockholm den Rücken und fand in Uppsala ein Betätigungsfeld, das seinen Vorstellungen weitgehend entsprach. Der aus Pommern stammende Christian Ludwig Lokk nahm ihn bereitwillig in seine Apotheke „Zum Wappen von Uppland" auf, öffnete ihm das Laboratorium und gewährte ihm volle Freiheit zu seinen Experimenten. Ferner war Scheele bestrebt, mit Gelehrten der alten Universitätsstadt in Kontakt zu kommen, so mit dem prominenten Chemiker Torbern Bergman. Ein Zufall sollte ihn mit dem berühmten Wissenschaftler zusammenführen. Bergman pflegte die zu seinen Versuchen benötigten Chemikalien aus Lokks Apotheke zu beziehen und erhielt eines Tages Salpeter, der nach Erwärmung unter Zusatz von Essigsäure rotbraune Dämpfe entwickelte. Dies Verhalten vermochte sich weder der erfahrene Apotheker, noch der berühmte Professor und dessen Assistent Grahn zu erklären. Ein junger Mann in der Apotheke „Zum Wappen von Uppland" konnte es, hatte die Erklärung auf Anhieb parat. Das war Carl Wilhelm Scheele. Bergman wünschte danach den Laboratorius persönlich kennenzulernen. Und zwischen beiden, dem namhaften Gelehrten auf der einen und dem bis dahin wenig bekannten Apothekergesellen auf der anderen Seite entfaltete sich binnen kurzem eine äußerst erfolgreiche Zusammenarbeit. Scheele gewann bessere methodische Kenntnisse in der Labortechnik, und Bergman nahm laufend an Scheeles Entdeckungen teil. Nun durfte sich Carl Wilhelm auch zunehmend der Beachtung, Aufmerksamkeit, Wertschätzung wissenschaftlicher Kreise erfreuen. In den Schriften der Königlichen Akademie erschienen seine ersten größeren Abhandlungen im Druck wie über die Flußsalpetersäure (1771) und über den Braunstein (1774). Während seines Wirkens in Uppsala wurde ihm eine ungewöhnliche Ehrung zuteil. Man schlug ihn im Oktober 1774 zur Aufnahme in die

Akademie der Wissenschaften vor und wählte ihn Anfang Februar 1775 in Gegenwart König Gustavs III. zum Mitglied. Es war ein einmaliger Vorgang in der Geschichte des hohen Gremiums, einen Nichtakademiker im jugendlichen Alter von 32 Jahren in seine Reihen aufgenommen zu haben. Die Akademie wollte zeigen, wie es in einem Brief an Scheele vom 6. Februar 1775 zu lesen ist, welchen Wert sie *auf seinen ausgezeichneten Fleiß und die Geschicklichkeit, mit neuen Forschungen die Chemie zu bereichern*, legt. Er widmete sich in Uppsala weiter mit unvermindertem Eifer der experimentellen Forschung, auch der organischen Chemie, mußte indes erkennen, daß ihm viele Dienststunden in der Apotheke die kontinuierliche Ausführung seiner Arbeiten sehr erschwerten. Deshalb reifte in ihm der Plan, sich selbständig zu machen. Zur freien Entfaltung seiner Fähigkeiten konnte er nur dann gelangen, wenn er als eigener Herr in eigener Apotheke schalten und walten durfte. Als man ihm die Leitung der verwaisten Apotheke von Köping antrug, zögerte er keinen Augenblick, dies Angebot anzunehmen. Er wähnte sich in Erfüllung seiner Wünsche und siedelte 1775 offenbar wohlgemut von Uppsala in die kleine Stadt am Mälarsee über, nicht ahnend, daß ihm neues Ungemach drohte. Denn als er die verwahrloste Apotheke des im Februar 1775 verstorbenen Hindrich Pascher Pohl in einen guten Zustand gebracht hatte, meldete sich bei der Witwe und deren Vater ein Käufer mit verlockendem finanziellem Angebot, erhielt den Zuschlag und sie entließen Scheele. Alles blieb für ihn im Ungewissen. Als er sich kurzerhand entschloß, in der Stadt eine neue Apotheke zu gründen und von der Behörde auch die Konzession bekam, lösten die Erben Pohl den Vertrag. Man wollte es aus einsichtigen Gründen nicht auf eine Konkurrenz mit Scheele ankommen lassen. Er wurde nun als Provisor der Apotheke angestellt, konnte sie schließlich selber kaufen und blieb bis zu seinem Lebensende in Köping. Nur einmal ging er von hier fort, reiste 1777 nach Stockholm, um sich bei der Königlichen Akademie der Wissenschaften in Gegenwart des Monarchen als Mitglied vorzustellen. Zugleich wurde ihm auf Antrag seines Förderers Bergman ein jährliches Stipendium von 100 Reichsmark bewilligt.

Schon in Uppsala hatte er die Arbeit an einem umfangreichen Manuskript vollendet, dessen Drucklegung sich bedauerlicherweise zwei Jahre, bis August 1777, verzögerte. Das Buch trägt den Titel „Chemische Abhandlung von der Luft und dem Feuer“ und machte ihn weltberühmt. Es handelt sich um eine seiner größten Entdeckungen, nämlich des Sauerstoffs.

In Köping befand sich sein Laboratorium zunächst in einem primitiven zugigen Holzschuppen, der zur Hälfte der Aufbewahrung von Gartengeräten diente. Dies hinderte ihn jedoch keinesfalls daran, seine Experimente zügig fortzusetzen und weitere bahnbrechende Entdeckungen an die Öffentlichkeit zu bringen. Erst 1782 vermochte er, sich eine neue Apotheke mit einem wohnlichen Hause und ein gut ausgestattetes Labor einzurichten.

Im Herbst 1785 stellten sich bei dem Mann, der nie ernsthaft krank gewesen war, körperliche Leiden ein, die sich nach und nach erheblich verschlimmerten. Während seines Aufenthalts in Köping hatte ihm Frau Sara Margarethe Pohl den Haushalt geführt, ihn versorgt und in den Krankheitstagen aufopfernd gepflegt. Als er seinen Tod herannahen fühlte, heiratete er sie am 19. Mai 1786 und setzte sie testamentarisch zu seiner Universalerbin ein. Zwei Tage später, am 21. Mai 1786, schloß der europaweit bekannte Chemiker und Pharmazeut Carl Wilhelm Scheele die Augen für immer.

In Stralsund erinnert in dem als Kulturstätte sorgfältig restaurierten Geburtshaus Fährstraße 23 eine Gedenktafel und ein Medaillon an den großen Sohn der Stadt.

Zeckert, O.: Carl Wilhelm Scheele. Sein Leben und seine Werke. Mittenwald 1931–1933

Cassebaum, H.: Carl Wilhelm Scheele. Leipzig 1982

Främgsmyr, T.: Carl Wilhelm Scheele – eine Bilanz. In: Carl-Wilhelm-Scheele-Ehrung 1986 – Kolloquium der bilateralen wissenschaftlichen Tagung der Akademie der Wissenschaften der DDR und der Königlich-Schwedischen Akademie der Wissenschaften vom 23. bis 26. September 1986 in Stralsund. Berlin 1987, S. 67–79

Friedrich, Ch.: Carl Wilhelm Scheele (1742–1786). Apotheker und Forscher – ein großer Sohn der Stadt. Stralsund 1992

ders.: Scheele-Forschung und -Ehrung im Wandel der Zeiten. Zum 250. Geburtstag von Carl Wilhelm Scheele. In: Pharmazie in unserer Zeit, Bd. 21, 1992, S. 276–280

Carl Ludwig Schleich

Carl Ludwig Schleich

1859–1922

Er war Arzt, Philosoph, Schriftsteller, schrieb lyrische Gedichte, malte, sang, spielte Cello, komponierte auch. Einschlägige Lexika nennen ihn indes Entdecker oder Erfinder der Lokalanästhesie.

Seine Wiege stand in Stettin. Dort erblickte er als Sohn eines angesehenen Arztes am 19. Juli 1859 das Licht der Welt. Im musischen Elternhaus der pommerschen Hauptstadt und bei Großeltern auf der *herrlichen* Insel Wollin verbrachte der vielseitig begabte Carl Ludwig glückliche Kinderjahre. Im *alten Schulkloster* zu Stralsund besuchte er das Gymnasium. Was er nach dem Abitur 1880 werden wollte, wußte er zunächst offenbar selber nicht – Maler, Sänger, Schauspieler? Der Vater drängte ihn jedoch zum Medizinstudium, und das begann er in der Schweiz. Man sah ihn freilich nicht allzuoft in den Hörsälen der Züricher Universität. Das fröhliche Studentenleben trieb ihn vielmehr in die wunderschöne Gebirgswelt, auf den Züricher See, ins Theater und in Kneipen. Und hier wurde ein *einsamer Zecher* auf ihn aufmerksam, als er eine Ballade Carl Loewes in seiner hellen, strahlenden Tenorstimme erschallen ließ. Das war kein Geringerer als der damals bereits weithin bekannte Dichter Gottfried Keller, der sich ihm fortan freundschaftlich zuwandte. In Zürich war er drauf und dran, sein Medizinstudium an den Nagel zu hängen, teilte dem erstaunten Vater *per Depesche* klipp und klar mit, daß er Opernsänger werden wolle und zog mit einer Theatergruppe nach Mailand. Vater Schleich reiste daraufhin unverzüglich aus Stettin in Italien an und brachte ihn an die eidgenössische Universität zurück. Doch von einem ernsthaften Studium konnte auch jetzt keine Rede sein. Es wurde munter weiter pokuliert, gesungen, gefeiert. Ein *Denkzettel* sollte den Studiosus schließlich zur Besinnung bringen. Bei einem Schlittschuhlaufen brach er auf dem Züricher See ein, hatte den Tod vor Augen, drohte um Haaresbreite zu ertrinken.

Nach zweijähriger chronischer Verbummeltheit des ewigen Studenten fand er sich reumütig, schuldbeladen, physisch völlig zusammengebrochen in Stettin ein. Er bedurfte dringend der Erholung. Aber dann ging es *mit Dampf* an die Arbeit. Nach zwei Semestern an der Ryckstadt-Universität konnte *mit sichtbarem Beistand der Götter* das Physikum absolviert werden. Da die Greifswalder Alma mater seinerzeit nicht den besten Ruf genoß, wechselte er 1882 nach Berlin über und gelangte in den Umkreis weltberühmter Chirurgen – Bernhard von Langenbeck, Ernst von Bergmann und den aus Pommern stammenden Rudolf Virchow. Mit aktiver väterlicher Hilfe bestand er *glückselig* das Staatsexamen und fertigte seine Dissertation an. Von emsigem Forscherdrang beflügelt, arbeitete er nun bis in die Nächte in Räumen der Pathologie, in anderen Klinikbereichen und in Bibliotheken, bemühte sich vor allem um Methoden der Schmerzlinderung. Sein Ziel war es, neue Betäubungsverfahren bei chirurgischen Eingriffen zu entwickeln, anstatt der bisher üblichen Narkose eine lokale, die sogenannte Infiltrationsanästhesie zu erproben. Das gelang ihm. Und von seiner mehrfach mit bestem Erfolg praktizierten Erfindung überzeugt betrat er 1898 selbstbewußt das Podium des Berliner Chirurgenkongresses und erklärte der versammelten Ärzteschaft, daß vom Standpunkt der Humanität, auch aus moralischen und strafrechtlichen Gesichtspunkten es nicht mehr erlaubt sei, die gefährliche Narkose da anzuwenden, wo dies Mittel zureichend ist. – Das hätte vor 800 *erlauchten, hochwohllöblichen* Vertretern der ehrbaren Zunft niemals gesagt werden dürfen. Es erhob sich sogleich ein Sturm der Entrüstung, laute Zwischenrufe, Läuten der Glocke des Vorsitzenden, Verweigerung jeglicher Erklärung, so endete tumultartig die Veranstaltung. Carl Ludwig Schleich wurde aus *dem Tempel* verjagt, verließ gedemütigt wie ein begossener Pudel den Langenbeck-Saal, gefolgt lediglich von einem – von seinem Vater, der ihn zu trösten versuchte mit der Bemerkung: *Carl! Die Kerle sind ganz und gar verrückt.*

Er erfuhr das gleiche Schicksal wie andere Größen der Medizin, Semmelweis beispielsweise. Schleichs bahnbrechende Entdeckung wurde jahrelang verkannt, ignoriert. Es mag eine Genugtuung für ihn gewesen sein, als sein Lehrer Ernst von Bergmann später bekannte: *Schleichs Anästhesie ist nach der Narkose die erste deutsche chirurgische Großtat überhaupt. Seine Unterdrückung ist ein Schandfleck für die deutsche Chirurgie. Wir waren einfach blind.* Längst schon gehört die örtliche Betäubung zum allgemein gängigen Verfahren aller operierender Ärzte.

Carl Ludwig Schleich richtete 1889 eine chirurgische Privatklinik ein und übernahm 1900 die Leitung der chirurgischen Abteilung des Krankenhauses Groß-Lichterfelde. Ein Jahr zuvor war ihm der Professorentitel verliehen worden. Seine Hoffnung auf ein akademisches Lehramt erfüllte sich zu seinem Bedauern nicht, auch dann nicht, als er mit zahlreichen Aufsehen erregenden fachwissenschaflichen Veröffentlichungen hervortrat.

In Berlin war er übrigens keinesfalls dem geselligen Leben abhold, bewegte sich vergnüglich im Kreise von Dichtern, Malern, Schauspielern – Gerhart Hauptmann, Richard Dehmel, die Gebrüder Hart, Arno Holz,

Edvard Munch, E.T. A. Hoffmann und August Strindberg, mit dem ihn eine innige Freundschaft verband, zählten u. a. dazu.

Im Jahre 1889 heiratete er seine große Jugendliebe Hedwig, Tochter des Stettiner Eisenbahndirektors Oelschlaegel. Und die künstlerisch hochbegabte, dabei *resolute* Frau begleitete ihn helfend, fördernd in allen Etappen seines Schaffens, war Kritikerin auch seiner philosophischen und psychologischen Arbeiten. Die Phase seiner literarischen Tätigkeit begann recht eigentlich im Alter von fünfzig Jahren. Er schrieb Novellen, Essays, Romane. Das poetische Lieblingsbuch des Autors, der Phantasieroman „Es läuten die Glocken", erschien 1912. Im Jahre 1928 kam bereits die 69. Auflage heraus. Den größten literarischen Erfolg erreichte er indessen mit seiner Autobiographie „Besonnte Vergangenheit", 1. Aufl., im Ernst Rowohlt-Verlag 1921. Keine andere deutschsprachige biographische Selbstdarstellung wurde im 20. Jahrhundert so oft gedruckt. Mehr als zwei Millionen Exemplare sind bisher verbreitet worden. Carl Ludwig Schleich verstand es glänzend, seinen Lebensweg frisch, lebendig zu schildern. Die anschauliche und anziehende Darstellung der Kindheit, Jugend, Familie, des Studiums und Berufs übte eine ungewöhnlich starke Wirkung auf die Mit- und Nachwelt aus. Mit der eindrucksvollen Beschreibung der Umwelt, der Charakteristik von Zeitgenossen – berühmte Ärzte, namhafte Künstler, Schriftsteller, Theaterleute – erhalten Schleichs Lebenserinnerungen auch und nicht zuletzt in kulturhistorischer Sicht besondere Bedeutung. Seine humorvolle Art der Betrachtung von Personen trug nicht wenig zur Beliebtheit des Buches bei, machte es außerordentlich leserwirksam. Beispiele dazu lassen sich mehrfach anführen. Ein Kabinettstück sozusagen ist der Bericht über seine Stralsunder Schulzeit und den Konrektor Leupold Freese. Der von den Gymnasiasten verehrte und heißgeliebte Lehrer für Griechisch und Latein, von den Schülern *Poseidon* genannt, *spann das klassische Altertum tief in die jungen Herzen.* Der vortreffliche Mann von *universalem Denken* sprach mit seinen Zöglingen zumeist plattdeutsch, bediente sich jener gemütlichen, *etwas maulfaulen, behäbigen, drolligen Mundart,* und zwar ohne korrekte grammatische Satzbildung. *Subjekt und Objekt wurden blitzartig nebeneinander gepackt, das mußte genügen.* Ein Paradebeispiel dafür war dessen Abiturrede von 1880. Es hatte sich rasch herumgesprochen, daß sie an Stelle des erkrankten Direktors von dem stadtbekannten Original Freese gehalten werde. Und so strömten viele Stralsunder herbei, um dies Ereignis mit erleben zu können.

„Je! Meine Lieben!" so begann der gute Konrektor seine Ansprache, *„De Härr Direkter is krank. Nich slimm, äwerst ornd'lich. Na und so sall ik nu. Je. Das is ja woll so. Denn nachher muß ich ja woll. Die Entlassungsrede. Die jungen Leute! Och! frei!* (mit gehobener, komisch skandierter Deklamation): *‚Dahin*

des Schulstaubs schlimme Pein!' Hinaus! Je, das Studium. Der Beruf. Die Wahl. Vater, Mutter, Freunde raten. Klugsnakers gibt's immer. Meinen häzlichen Glückwunsch! – Je da seh' ich welche, die wollen Philologie. Wie sagt Goethe? ‚Neue Sprache, neues Leben!' Auch Englisch und Französisch. Och, vergessen Sie nich das Klassische, das Fundament. Es kommt die Sehnsucht. Vergessen Sie nich ihren alten Freese! Lernen Sie, später lehren Sie! Meinen häzlichen Glückwunsch!

Je da seh ich welche, de wollen Jurisprudenz. Das ist der Staat. Der grüne Tisch. Der Herr Landrat. Die Waage der Gerechtigkeit. Sie wissen: blinde Justitia. Halbblind: Mitleid, Strenge! Je, der Paragraph. Pflicht und Gewissen. Die Menschenseele. Wie sagt Goethe? ‚Es gibt kein Verbrechen, als dessen Urheber ich mich nich denken könnte!' Denken Sie auch daran bisweilen, wenn schwere Strafen! Referendar, Assessor, Präsident! Meinen häzlichen Glückwunsch!

Ach! Da seh' ich welche, die wollen Medizin. Je, die Naturwissenschaft. Die Welt vom Kleinsten. Das Mikroskop. Wie sieht die Welt lütt aus! Ganz lütting – lütt. Je, das is das Geheimnis des Kleinen. Große Bedeutung. Volkswohl. Heilung. Mitgefühl, Wie sagt Virchow? ‚Die Medizin involviert den Begriff des Heilens!' Je, das ist schön. Ich habe keine Sorge. Meinen häzlichen Glückwunsch!

Je. Zwei wollen Mathematiker. Na nu? Je. Absonderlich. Das Skelett der Dinge! Wo ist das Individuum? Alles Typicität. Abstrakt. Aber geistreich. Meinen häzlichen Glückwunsch!

Je, da seh ich welche, die wollen – Theologie – – – ach! Du lieber Gott! (Alles platzt heraus!) *Je, lachen Sie nicht, die Stunde, sie kommt, der Zweifel, der Rabe hackt ins Genick, bohrt, beißt, man weiß nicht aus noch ein; die Welt, das Schlechte scheinbar belohnt, das Gute an die Wand gedrückt, der Brave übersehen! Spott! Kein Glaube. Kanzel. Vergebliche Sonntagspredigt: einer schläft; je, es ist schmärzlich! O, lachen Sie nicht, die Stunde kommt, es is furchtbar, die Qual, das liebe Brot; weiß nich aus noch ein. Martyrium! Mein häzliches Beileid!"*

Der in Vorpommern geborene bedeutende Arzt, Philosoph und Schriftsteller Carl Ludwig Schleich schloß am 7. März 1922 im Sanatorium von Saarow seine Augen für immer und wurde auf dem Stahnsdorfer Waldfriedhof beigesetzt.

Schleich, C. L.: Besonnte Vergangenheit. Lebenserinnerungen (1859–1919). Berlin 1921

Charol, M.: Carl Ludwig Schleich. In: Unser Pommerland. Jg. 7, 1922, S. 37–40

Schleich, C. L.: Erlebtes. Erdachtes, Erstrebtes. Mit einem Nachwort hrsg. von W. Goetz. Leipzig 1928

ders.: Besonnte Vergangenheit. Mit einem Nachwort hrsg. von G. Fischer. Leipzig 1977

Nikodemus Tessin der Ältere
und Nikodemus Tessin der Jüngere

Skulpturen in der Storkyrka zu Stockholm

Nikodemus Tessin

1615–1681

Er ist in Schweden mehr bekannt als in Deutschland. Die Nordeuropäer zählen ihn sogar zu ihren Großen. Das können sie auch. Der Name Tessin ist für die Schweden ein Begriff. Man kennt ihn dort allenthalben. Veröffentlichungen der Landes-, Stadt-, Bau- und Kunstgeschichte vermerken ihn. Straßenschilder in Städten und Orten geben ihn wieder. Wissenschaftler vereinten sich in eine Tessin-Gesellschaft.

Träger dieses Namens waren Angehörige einer bedeutenden Architektenfamilie, und die stammte aus Vorpommern. Genaugenommen muß von einer Generationenfolge gesprochen werden. Sie beginnt mit Nikodemus Tessin, den man den Älteren nannte. Er wurde am 7. Dezember 1615 in Stralsund geboren. Seine Vorfahren waren samt und sonders angesehene Ratsgeschlechter. Valentin Tessin erfreute sich im 16. Jahrhundert als Demminer Ratsherr offenbar der Gunst und Zuneigung aller Bürger der Peenestadt. Sein Sohn Nikodemus kam nach Stralsund und wurde hier 1579 Ratsherr. Dessen Sohn – ebenfalls mit Vornamen Nikodemus – heiratete die Ratsherrntochter Maria von Felde. Der Ehe entsprang jener Nikodemus, um den es sich hier handelt. Er verließ bereits in jungen Jahren die Heimat, ging nach Schweden und wurde dort berühmt, genauso wie nach ihm andere Vorpommern – der Stralsunder Carl Wilhelm Scheele zum Beispiel und der Greifswalder Christian Ehrenfried von Weigel.

Nikodemus Tessin hatte bis zum Tod seines Vaters im Jahre 1632 das Stralsunder Gymnasium besucht und dann als Siebzehnjähriger bei schwedischen Festungsbauleuten die fachliche Ausbildung begonnen. Bauaufgaben gab es seinerzeit in der Stadt am Strelasund in Hülle und Fülle. Während der Wallensteinschen Belagerung war 1628 viel zerstört, waren die Fortifikationsanlagen, Mauern und Außenwerke, erheblich beschädigt worden. Schwedens Regierung bemühte sich nun emsig, sie wieder instandzusetzen und weiter auszubauen. Bei diesen Arbeiten machte Tessin auf sich aufmerksam. Man erkannte bald die besonderen Fähigkeiten des jungen Stralsunder Ratsherrnsohnes, nahm ihn 1636 als *Ingenieur* in schwedische Staatsdienste und zugleich über die Ostsee hinweg in das nordeuropäische Mutterland. Mit Vermessungen, mit Entwürfen für Stadtanlagen und Befestigungswerke, wurde er zunächst betraut. Er erfüllte diese Aufgaben so brillant, daß ihn Reichskanzler Axel Oxenstierna kurzerhand in seine Umgebung berief und ihn 1640 zum *Königlichen Architekten und Baumeister* ernennen ließ.

Stockholms Architektur wurde in der ersten Hälfte des 17. Jahrhunderts weitgehend durch den Einsatz italienischer und französischer Fachleute bestimmt. Und so nimmt es nicht wunder, daß es Nikodemus Tessin nach Süd- und Westeuropa zog, daß er bestrebt war, die Bauten jener Regionen an Ort und Stelle näher kennenzulernen. Auf Studienreisen von 1651 bis 1653, die ihn über Deutschland nach Rom, von dort über Paris und Holland nach Schweden führten, beschäftigte er sich hauptsächlich mit architektonischen Stilrichtungen dieser Gebiete. In Italien gewann er vor allem Anregungen für den Barock-Kirchenbau, in Frankreich und Holland für den frühklassizistischen Profanbau. Es währte nach der Rückkehr von den Reisen nicht lange, und Tessin gelangte in die große Öffentlichkeit, machte von sich reden. Der Umbau des Königlichen Schlosses von Borgholm auf Öland gehört zu seinen ersten überragenden Leistungen, in denen er seine künstlerischen Fähigkeiten voll entfalten konnte. Er verband hier wie bei ähnlichen Anlagen anderwärts den historischen schwedischen *Burgenstil* mit französischen Stilelementen jener Zeit, wobei in der Gesamtkomposition des Bauwerks die schweren runden Ecktürme nun wichtige Eckstützen bildeten. Auch die Domkirche zu Kalmar und Pläne zum Rathaus dieser Stadt verraten seine Handschrift.

Tessin wurde sozusagen von heute auf morgen ein gefragter Architekt, in dessen Büro sich die Aufträge häuften. Paläste hier und da, auch das imposante Reichsbankgebäude zu Stockholm, von dem man sagt, daß es das erste seiner Art in der Welt gewesen sei, wurden nach seinen Entwürfen geschaffen. Es mangelte ihm ferner keinesfalls an Freunden und Verehrern. Der Feldmarschall und Generalgouverneur von Schwedisch-Pommern, Graf Karl Gustav von Wrangel, zählte dazu. Für ihn baute Tessin auf Ridderholm in Stockholms Altstadt den Wrangel-Palast um, ebenso wie das Wrangel-Schloß Skokloster in Nähe von Uppsala. Die Annahme, daß Nikodemus Tessin auch in seiner Heimatstadt Stralsund an dem im Zweiten Weltkrieg völlig zerstörten Wrangel-Palais an der Heilgeiststraße beteiligt gewesen sei, konnte nach neueren Forschungen nicht bestätigt werden.

Krönung der jahrzehntelangen Tätigkeit des äußerst begabten Architekten und Baumeisters sollte indes Schloß Drottningholm, das *Schwedische Versailles* werden, das seit 1662 nach seinen Vorstellungen entstand, und in dem sich italienische und holländische Stileinflüsse zu einem für Schweden *neuen Klassizismus* vereinten. Und wenn in dem nordeuropäischen Land bisher die Gartenkunst vernachlässigt worden war, entwickelte Tessin sie nun besonders nach französischen Vorbildern. Drottningholm ist ein überzeugendes Beispiel dafür. Jeder, der das unweit von Stockholm am Mälarsee gelegene Schloß besucht, ist gewiß von der Schönheit des Bauwerks und der großartigen Parkanlage beeindruckt.

Nikodemus Tessin war seit 1653 mit Maria Svan, Tochter des Bürgermeisters von Västeras, verheiratet. Das einzige Kind dieser Ehe, Sohn Nikodemus (1654–1728), setzte das Werk seines Vaters in glänzender Weise fort, baute Schlösser, Kirchen, Rathäuser, Paläste, verfertigte Pläne für repräsentative Bauwerke auch außerhalb Schwedens und genoß den Ruf eines Architekten und Baumeisters von europäischem Rang. Der Enkel Karl Gustav (1695–1770) schließlich machte sich als Staatsmann und Kunstdiplomat über die Landesgrenzen hinaus einen Namen.

Dem in Stralsund geborenen Nikodemus Tessin blieben Lob, Anerkennung, Ehrungen nicht versagt. Im Jahre 1661 wurde er Stadtarchitekt von Stockholm, fünf Jahre später sogar Ratsherr in der städtischen Verwaltung. 1671 erhielt er den Titel eines Schloßarchitekten und 1674 hob ihn das schwedische Königshaus in den Adelsstand. 1681 schloß er im Alter von 67 Jahren die Augen für immer.

Nach schwedischen Quellen des 17. Jahrhunderts war er ein Mann von stiller, nüchterner, gottesfürchtiger, aufrichtiger Natur, ein fleißiger, dienstbeflissener, im Gespräch mit anderen stets freundlicher Mensch. Wenn Zeitgenossen in ihm *den von Erfolg begünstigten, hochgeschätzten Adelsmann* und begnadeten Künstler sahen, pflegte er sich in der ihm offenbar eigenen Bescheidenheit lediglich als einen *geringen Diener* zu bezeichnen. Gediegenheit, Arbeitsamkeit und Kenntnisreichtum – diese Charaktereigenschaften waren ihm allemal zu bescheinigen.

Die Schweden errichteten ihm und seinem Sohn Nikodemus Tessin den Jüngeren in der Storkyrka von Stockholm ein eindrucksvolles Denkmal. Beide hatten in dem Gotteshaus ihre letzte Ruhe gefunden. Die von dem Bildhauer Carl Milles aus italienischem und schwedischem Marmor in Lebensgröße gestalteten und von der Stadt Stralsund finanziell geförderten Plastiken befinden sich an einem Pfeiler des sogenannten Ratsherrnganges der Kirche. Das Ehrenmal wurde im Juni des Jahres 1934 eingeweiht (s. Foto). Von dem aus Vorpommern stammenden Nikodemus Tessin den Älteren existiert kein Porträt, und ein Denkmal mußte wahrlich lange genug auf sich warten lassen. Er hatte beides auch gar nicht nötig, denn er schuf sich mit seinen bedeutenden Bauwerken selber bleibende Denkmäler.

Dresdner, A.: Nikodemus Tessin der Jüngere, der Großmeister des schwedischen Barocks. In: Deutsch-Nordisches Jahrbuch, 1928, S. 81–97

Josephson, R.: Tessin – Nicodemus Tessin d. Ä. – Tiden – Mannen – Verket. Stockholm 1930

Vänje, St.: Nikodemus Tessin d. Ä. och Drottningholm. In: Konsthistorisk Tidskrift. Soc. of history and art. Stockholm 1960, S. 1–19

Ewe, H.: Der Architekt Nikodemus Tessin. In: Ostsee-Zeitung 1992, Nr. 273

Franziska Tiburtius

Franziska Tiburtius

1843–1927

Zu Beginn der neunziger Jahre des 19. Jahrhunderts kam es unter den Abgeordneten des Deutschen Reichstags zu einer *ungeheuren Heiterkeit.* Grund der Lachsalven war die Rede von zwei weiblichen Ärzten. Die Herren des Hohen Hauses meinten, diese Frauen überhaupt nicht ernstnehmen zu können. Vertreter dieses Berufes hatten gefälligst, und zwar wie eh und je, Männer zu sein. Alles andere schien nachgerade unerhört. Das war in etwa die Situation, in der sich seinerzeit die ersten deutschen Ärztinnen Emilie Lehmus und Franziska Tiburtius befanden. Auf ihrem Bildungsweg war für beide der Besuch einer höheren staatlichen Schule ebenso undenkbar gewesen wie das Studium der Medizin an einer deutschen Universität. Doch sie ließen sich in ihren Zielen keinesfalls beirren, bereiteten sich in privaten Lehranstalten auf die akademische Ausbildung vor und erlangten den Doktorgrad an einer ausländischen Universität.

Die erste stammte aus Fürth, die zweite, Franziska Tiburtius, aus Vorpommern. Sie wurde am 24. Januar 1843 als Tochter eines Gutspächters in Bisdamitz auf Rügen geboren und verlebte als Jüngste von neun Geschwistern auf der Halbinsel Jasmund, in Nähe von Ostsee und Kreidefelsen, eine glückliche Kindheit. Sie lief munter hinter einer Schar von Knaben und Mädchen über den Gutshof, kletterte auf Strohmieten, spielte Versteck und weilte am liebsten in der Werkstatt des Stellmachers Krischan Mau, der *wundervolle* Geschichten zu erzählen vermochte – so von Unterirdischen und Zwergen, die in Hünengräbern wohnten, sich manchmal Kinder in den unterirdischen Palast einluden, und wenn sie wieder herauskamen, waren sie alte Leute.

Franziska wuchs zweisprachig auf. Mit den Eltern wurde hochdeutsch gesprochen, mit allen anderen des Gutes und Dorfes das gemütvolle, treffsichere, von Humor geprägte Platt. Der sehr freundliche Hauslehrer Dalmer und die weniger freundliche Erzieherin Fräulein O. erteilten den Unterricht.

In dem verträumten Inselort Bisdamitz blieben die großen und kleinen Bewohner von dem, was draußen in der Welt vorging, weitgehend unberührt. Das änderte sich für die aufgeweckte Schülerin als der Vater 1851 die rügensche Pachtung aufgab und mit der Familie nach Stralsund zog.

Franziska war erst zwölf Jahre alt, als der Vater starb. Die Erziehung der Kinder lag nun allein in Händen der *elastischen*, *lebensfreudigen* Mutter, einer *Frohnatur*, die als Pastorentochter aus dem Harz auf die Insel Rügen verschlagen worden war. Sie vertraute hier Franziska den vier Fräulein Volkmann in deren Privatschule an, von der es hieß, daß sie die erste und beste der Stadt sei. In großer Dankbarkeit gedachte sie später dieser Lehrerinnen und auch des Garnisonpfarrers Bauer, der sie in Religion, Deutsch, Geographie und Geschichte unterrichtet hat. Diese Mitteilungen kann man ihrer vortrefflichen Autobiographie „Erinnerungen einer Achtzigjährigen" (1923) entnehmen. Darin entwarf sie übrigens ein äußerst interessantes Bild vom damaligen Zustand der Sundstadt, in der wahrhaftig nicht alles zum Besten stand. Die völlig unzulänglichen hygienischen Verhältnisse, die schlechte Trinkwasserversorgung, viele Häuser an engen, teilweise krummen Straßen im Innern ohne Licht und Luft – Tatbestände, die ihrer Aufmerksamkeit nicht entgangen waren. *Ja, das Stralsund von 1851 war eine melanchonische und schlafende Stadt,* lautet es, *mangelnde Sorgfalt und leiser Verfall machten sich überall bemerkbar, – sogar die herrliche spätgotische Fassade des Rathauses zeigte bedenkliches Fehlen vieler Kreuzrahmen und Fensterfüllungen. Industrie gab es nicht, außer einer kleinen Zuckerfabrik und einer unbedeutenden Eisengießerei. Nur eine kleine Garnison brachte einen Schimmer Belebung in das Straßenbild.*

Mit siebzehn Jahren begann für sie der Ernst des Lebens. In jener Zeit gab es für gebildete Frauen eigentlich nur einen Beruf – Lehrerin. Den wollte Franziska Tiburtius auch ergreifen. Sie legte in Stralsund das Lehrerinnenexamen mit bestem Erfolg ab und hatte vor, in der Stadt eine Mädchenschule zu gründen und zu übernehmen. Vorher galt es indessen, notwendige pädagogische Fähigkeiten zu erwerben. Die Hauslehrerinnentätigkeit bot sich dazu an. Und so fuhr sie 1860 in der Postkutsche frohen Muts nach Clevenow bei Grimmen zur adligen Familie von Lyngen-Werbelow, in der sie zwar freundlich aufgenommen wurde, aber die *unsichtbare Schranke im Sozialgefüge überall zu spüren bekam.* Dennoch: sie fühlte sich in der gewiß nicht einfachen Aufgabe allmählich wohl, lernte viel, verließ erst nach sechs Jahren die ihr lieb gewordene Stelle und wechselte in ein ähnliches Gutshaus, in das des Grafen Behr-Schmolchow bei Greifswald über. Von hier ging es 1868 hinaus in die Welt. Um ihre englischen Sprachkenntnisse zu vertiefen, zog es sie als Erzieherin auf die Britischen Inseln. In einem englischen Pfarrhaus reifte der Entschluß, das Studium der Medizin aufzunehmen, *den Sprung ins absolute Dunkel zu wagen.* Doch so dunkel schien zumindest die Umgebung nicht zu sein, in die sie 1873 ihr Weg führte. In Zürich, inmitten der herrlichen Schweizer Bergwelt, verlebte sie durchaus sonnige Tage und Jahre. Sie war an der Universität nicht die einzige Studentin. Andere, aus Rußland hauptsächlich und aus Amerika studierten an jener Alma mater ebenfalls Medizin. Vor ihr hatte dort bereits die deutsche Pfarrerstochter Emilie Lehmus die Ausbildung begonnen, mit der sie eine lebenslange enge Freundschaft verbinden sollte.

Die weiblichen Studierenden waren an der Hochschule keinesfalls auf Rosen gebettet. Ein Professor übersah sie geflissentlich, begann sein Kolleg grundsätzlich mit der Ansprache: *Meine Herren.* Das ertrug die Tiburtius mit Würde. Die meisten Hochschullehrer begegneten ihr jedoch mit freundlichem Wohlwollen, förderten sie, erkannten ihr eifriges Bemühen, Wissen in der Heilkunst und -kunde zu erwerben. Der Erfolg blieb nicht aus. Die „Vossische Zeitung" berichtete im Januar 1876 von der Verteidigung der Thesen, die Franziska Tiburtius an der Züricher Universität in *ebenso würdiger wie unbefangener, gewandter Weise* vortrug und auch, daß der mit der Promotion beauftragte Professor Dr. H. Frey *in herzlichen Worten achtungsvollster Anerkennung des Fleißes und der ganzen Persönlichkeit* die bisherige Studentin rühmte. Auf ihrem Doktordiplom stand für jedermann sichtbar die Note „Sehr gut" zu lesen.

So schied die junge Ärztin aus der Schweiz, dem Land, das damals allein *in ganz Europa den fragenden und suchenden Frauen die Stille und Hilfe gewährte, die sie brauchten, in dem Bewußtsein, die schönste und freieste Zeit ihres Lebens hinter sich zu haben.* Es folgten nun sechs Wochen der Erholung in der Heimat, im rügenschen Rambin, in dem die Mutter ein kleines Haus bewohnte. Doch zur Ruhe kam sie nicht. Es verlautete, daß *de Fräulein Dokter dor is.* Die Dorfbewohner erschienen bei ihr mit vielfältigen Krankheiten, erbaten Hilfe und erhielten sie. Die Rambiner äußerten ihre Dankbarkeit auf verschiedene Weise, auch mit Körben voller Eier. Einigermaßen überrascht war Franziska, als ihr die guten Leute bekundeten, *dat se doch all bedüdend klok* (klug) sei, und sie ermunterten, als Gemeindearzt bei ihnen zu bleiben. Es bereitete ihr offenbar Mühe zu erklären, daß sie längst nicht *klok* genug wäre und noch sehr viel zu lernen hätte. Sie reiste nach Dresden, um in der Bildungsanstalt für junge Ärzte des Hofrates Winckel weiter zu lernen. Hier traf sie ihre Freundin Dr. Emilie Lehmann, mit der sie im Herbst 1876 nach Berlin ging.

In der Reichshauptstadt wurden sie beileibe nicht mit offenen Armen aufgenommen. Alle Bemühungen um Erlangung der Approbation scheiterten. Sie liefen sozusagen von Pontius zu Pilatus, klopften an viele Türen, wandten sich gar an das Reichskanzleramt und erhielten überall nur Absagen. Es gab damals in der Reichsgesetzgebung keinen Paragraphen, der die Zulassung von Ärztinnen zu einer Praxis ermöglichte. Beamte in den Büros empfingen sie nicht selten überaus freundlich. Der eine erklärte ihnen wörtlich: *Sie haben ein großes Unrecht begangen, sie sind um dreißig Jahre zu früh geboren*, der andere riet, die Tätigkeit auch ohne staatliche Konzession schlicht und einfach zu beginnen. Das berücksichtigten sie.

Inmitten des Berliner Arbeiterviertels, in einer dunklen Hinterhauswohnung, die ihnen ein reicher Industrieller unentgeltlich zur Verfügung stellte, eröffneten sie eine Poliklinik. Die Patienten ließen nicht lange auf sich warten. Um die Unkosten zu decken erbaten sie für jede Beratung 10 Pfennig. Wer völlig mittellos war, wurde umsonst behandelt. Ungeachtet von Diffamierungen durch männliche Kollegen, und ungeachtet von Verleumdungen in den gängigen Zeitschriften „Kladderadatsch" und „Ulk" kamen die Hilfesuchenden aus den ärmeren Bevölkerungskreisen in Scharen. Die Sprechstunden mußten bis in *die sinkende Nacht* ausgedehnt werden. Im ersten Rechenschaftsbericht konnten beide vermerken, daß in ihrer „Poliklinik für Frauen und Kinder" von Juni 1877 bis April 1878 bei 2900 Konsultationen 1352 Patienten behandelt worden seien.

Als sie an die Öffentlichkeit traten, über medizinische Probleme aufklären wollten und im Victoria-Lyzeum einen Kursus von zwölf Vorträgen zum Thema „Anatomisch-physiologische Grundlage zum Verständnis der Gesundheitslehre" ankündigten, legte ein sehr achtbares Kuratoriumsmitglied (Geheimrat Professor R. V.) sofort sein Veto ein. Er hielt es mit seiner Stellung als Universitätsprofessor unvereinbar, in dem Kuratorium einer Anstalt zu sein, die in Deutschland nicht approbierte Ärzte als Lehrkräfte heranzog und schied aus dem Gremium aus.

Was indes die ärztliche Tätigkeit betrifft, so hatte es sich trotz vieler Anfeindungen herumgesprochen, daß hier gute Mediziner am Werk waren. Bald erschienen unter den Patienten auch Frauen aus den höheren Ständen, die zuvor ihre Dienstmädchen in die Räume der Ärztinnen geschickt hatten. Die Praxis gedieh glänzend, erweiterte sich, entwickelte sich in einem anderen Lokal zur ansehnlichen *Klinik weiblicher Ärzte*.

31 Jahre lang (bis 1907) wirkte Dr. Franziska Tiburtius – von den Kranken hochverehrt und inzwischen auch von den Männern des Faches geachtet – unermüdlich in Berlin. Mit 64 Jahren legte sie die Praxis und leitende Tätigkeit in jüngere Hände. *Man soll abtreten, ehe man zu alt, sonst merken das Altern nur die Kranken, nicht der Arzt*, lautete in sinnvoller Lebensweisheit ihr Wahlspruch. Sie starb am 5. Mai 1927 in ihrer Klinik und fand auf dem historischen St. Jürgen-Friedhof zu Stralsund ihre letzte Ruhe.

Schönfeld, W.: Franziska Tiburtius (1843–1927). In: Pommersche Lebensbilder, Bd. 2, 1936, S. 296–301

Lange-Mehnert, Ch.: Marie Heim-Vögtlin und Franziska Tiburtius – erste Ärztinnen im Zeitalter der naturwissenschaftlichen Medizin. Motive, Hintergründe und Folgen ihrer Berufswahl. Münster 1989

Ewe, H.: Sprung ins absolute Dunkle – Franziska Tiburtius. In: Ostsee-Zeitung 1992, Nr. 122

Farin, A.: Eine Rüganerin gegen das Gewohnte. Franziska Tiburtius kämpfte für das Frauenstudium in Deutschland. In: Zs. Pommern, Jg. 38, 2000, S. 37–39

GPSR Compliance

The European Union's (EU) General Product Safety Regulation (GPSR) is a set of rules that requires consumer products to be safe and our obligations to ensure this.

If you have any concerns about our products, you can contact us on ProductSafety@springernature.com

In case Publisher is established outside the EU, the EU authorized representative is:

Springer Nature Customer Service Center GmbH
Europaplatz 3
69115 Heidelberg, Germany

Batch number: 10578250

Printed by Printforce, the Netherlands